LA LÉGENDE KOBE BRYANT

Directeur : **Jean-Louis Hocq**
Directeur éditorial : **Jean-Philippe Bouchard**
Éditeur junior : **Maxime Lafon**
Création graphique, maquette, couverture : **Guillaume Arduré**
Fabrication : **Emmanuelle Laine**

L'ÉQUIPE
Édition : **Laurence Gauthier avec Jean-Christophe Bassignac**

ISBN : 978-2-263-17376-9
Codé éditeur : L17376
Dépôt légal : janvier 2021

Retrouvez-nous sur www.lisez.fr
Solar, un département d'Édi8

Imprimé par Graphius à Gent, Belgique en Octobre 2020

LA LÉGENDE KOBE BRYANT

PRÉFACE TONY PARKER

THOMAS **BERJOAN** & YANN **OHNONA**

SOLAR EDITIONS

Tony Parker et Kobe Bryant ont disputé six All-Star Games ensemble dans la sélection Ouest. Ici en 2009 à Phoenix.

PRÉFACE

« LE PLUS PROCHE DE JORDAN... »

Pour moi, Michael Jordan est le meilleur joueur de tous les temps et Kobe était ce qu'il y avait de plus proche de Michael Jordan. Par sa mentalité, sa vision du basket, sa soif de victoires, son désir de gagner, toujours. Dans sa tête, il voulait dépasser Jordan. Pour lui, c'était l'exemple ultime. Et il y est presque arrivé... Il y aura éternellement des débats sur qui est devant qui dans l'histoire de notre sport. J'ai joué Kobe à son apogée et LeBron (James) à son meilleur et je mets Kobe devant. C'était un tueur, il était tellement décisif dans les moments chauds. Si Jordan a été mon idole, Kobe aussi m'a beaucoup inspiré. La rivalité Spurs-Lakers a marqué le début de ma carrière en NBA et les Lakers nous ont poussés, nous les Spurs, à devenir une meilleure équipe. Kobe et Shaq (Shaquille O'Neal) ont beaucoup gagné ensemble, ils ont tiré la NBA vers le haut et quand je suis arrivé en NBA (en 2001), les Lakers étaient la référence. Je n'oublierai jamais notre première rencontre lors de ma saison rookie. C'est la seule fois où j'ai joué à l'Alamodome (ancienne salle des San Antonio Spurs). On affrontait les Lakers en play-offs, le match se tenait, on voyait que l'on avait une chance. Et puis Kobe a pris le match à son compte dans le quatrième quart-temps. Il était incroyable, il a accéléré et c'était fini... Je me rappellerai toujours aussi notre dernière discussion, en Chine, pendant la Coupe du monde 2019. On évoquait notamment ce que l'on pouvait faire pour le basket féminin. Lui faisait déjà énormément avec sa fille. Il s'était renseigné sur ce que j'accomplissais avec l'ASVEL féminin, il commençait à voir ce que l'on pourrait réaliser ensemble. On était tous les deux très motivés pour éffectuer de belles choses pour servir cette cause.

Quand j'ai appris la nouvelle, au début, je n'y croyais pas, je me suis dit : « Non, ce n'est pas possible... » J'ai été choqué, j'ai pensé tout de suite à sa famille, ses enfants. Tu te dis que la vie peut s'arrêter du jour au lendemain. J'ai toujours eu cette attitude d'être positif, de vivre pleinement. Personne ne m'a garanti que j'allais vivre jusqu'à 90 ans. La disparition de Kobe a mis encore un peu plus les choses en perspective et je me suis dit qu'il fallait vraiment en profiter totalement.

Tu ne pourras jamais raconter l'histoire du basket sans parler de Kobe Bryant. Il a marqué notre sport à jamais. Avec Shaq, ils ont formé l'un des meilleurs duos de tous les temps. Dans la légende, il y a Magic Johnson et les Lakers, Larry Bird et les Celtics, Jordan et les Bulls, les Spurs... mais il ne faudra jamais oublier Kobe Bryant et Shaquille O'Neal.

Tony Parker

SOMMAIRE

AVANT-PROPOS

UNE PARTIE DE NOUS EST MORTE AVEC LUI

26 JANVIER 2020

Nuit du 7 au 8 novembre 1991 à Mulhouse en France. Un coup de fil retentit dans le foyer endormi. Mauvaise nouvelle. Les parents attendent le lendemain matin pour révéler à leur fils l'information venue de l'autre côté de l'Atlantique et transmise par les grands-parents. En ce vendredi matin d'automne, le gamin de 13 ans se prépare, comme tous les jours de la semaine, à traverser la frontière pour aller au collège en Suisse. Joe Bryant, basketteur pro, et sa femme Pam pressentent que la nouvelle va affecter leur enfant, Kobe.

Magic Johnson, son joueur préféré, celui dont il regarde religieusement les cassettes VHS envoyées par son oncle, a annoncé la veille qu'il mettait fin à sa carrière de joueur NBA en raison de sa séropositivité. L'état des connaissances sur la maladie est alors encore très approximatif mais le danger de mort semble imminent. Deux semaines plus tard, Freddie Mercury, chanteur du groupe Queen, annonce qu'il a également contracté le virus et décède le lendemain d'une pneumonie. Kobe est dévasté. Il pleure, il ne mange plus. « Pendant une semaine, il était inconsolable », explique sa grande sœur Sharia.

14H24 À CALABASAS, 20H24 EN FRANCE : LE SITE AMÉRICAIN TMZ ANNONCE LA DISPARITION DE KOBE BRYANT.

Pour les amateurs de basket de la génération de Kobe Bryant – la popularité de la NBA en France vient d'exploser au début des années 1990 – l'annonce de la séropositivité de Magic a été un

L'accident d'hélicoptère qui a provoqué la mort de Kobe et Gianna Bryant, ainsi que de sept autres proches, a causé une déflagration planétaire, et laissé des millions de fans orphelins.

choc. Une histoire d'amour naissante frappée par la peur, une maladie taboue, le spectre de la mort. Presque trente ans après les faits, chacun conserve en mémoire le moment de la découverte de cette terrible nouvelle. Kobe en avait un souvenir précis.

L'HORREUR

Dimanche 26 janvier 2020. À 14h24, *TMZ*, le site américain spécialisé dans les actus people, annonce la mort de Kobe Bryant. Il est 20h24 en France. Tout à coup, les réseaux s'affolent, les alertes des téléphones se déclenchent, les messages pullulent jusqu'à la terrible confirmation officielle rapide de l'information.

Kobe Bryant avait mis son hélicoptère privé à disposition de l'équipe de basket de sa fille, Gianna, 13 ans, passionnée de basket, digne héritière de son jeu et de son état d'esprit. Dans l'appareil, Kobe et sa petite Gigi, deux coéquipières, trois parents, un coach et le pilote. Aucun n'a survécu au crash dans les collines au nord de Malibu, en raison d'un temps particulièrement brumeux. Une météorologie qui avait forcé la police locale à laisser ses hélicoptères au sol. L'horreur absolue. L'onde de choc est mondiale. Kobe est une mégastar planétaire dont le charisme, la personnalité, la longévité et une carrière riche en rebondissements – drames et succès – ont marqué les fans de basket et de sport mais bien au-delà. En plus de deux décennies, il est devenu une icône de la pop culture, au même titre qu'une star de la musique ou du cinéma. L'idole de toute une génération, immensément populaire aux États-Unis évidemment, mais également en Europe, Vieux Continent avec lequel il n'a cessé d'entretenir des liens privilégiés après y avoir passé une partie significative de son enfance, et en Asie où il jouissait d'un statut similaire à Michael Jordan, notamment en Chine.

Mêmes traits, même sourire, même instinct de tueur sur les parquets. Kobe, 41 ans et Gianna Bryant, 13 ans, étaient inséparables. Le père coachait même la fille au sein de sa Mamba Academy.

Âme des Lakers mais aussi de la ville de Los Angeles, Kobe Bryant est devenu, au terme d'une carrière riche en rebondissements -drames et succès- une star planétaire.

MAGNIFIQUE DEPUIS SA RETRAITE

Sa retraite en 2016, une sortie unique sur un match à 60 points qui le résume si parfaitement, au terme d'une des plus belles carrières de l'histoire du basket, n'a pas marqué la disparition de Kobe de l'espace public. Au contraire. Si Bryant a été le basketteur le plus emblématique de son temps, après Michael Jordan et avant LeBron James, c'est autant pour ses performances sur le terrain qu'en raison d'une personnalité fascinante. Après être allé au bout de son corps, la légende des Lakers a tiré sans regret un trait sur sa vie de joueur pour se projeter vers de nouveaux défis, croquant la vie à pleines dents, dans les médias, le business, le coaching, la vie de famille. L'émotion est vive. Le petit Kobe qui avait cru perdre Magic, l'autre grande légende des Lakers, en 1991 l'avait pleuré pendant une semaine, comme un membre de sa famille. Cette fois, Magic, celui qui lui a donné l'accolade lors de son dernier match en tant que joueur NBA, pleure. Et toute la planète avec lui. Il ne s'agit plus de la peur et de la méconnaissance du sida. Une vérité froide, cruelle, irréversible envahit l'espace. Kobe est mort. L'incrédulité laisse place à un besoin de parole, de recueillement, de communion. Les témoignages des proches apaisent un peu. La dignité et la force de sa femme Vanessa. Les larmes de Jordan, le mentor. Les blagues de Shaquille O'Neal, le grand frère avec qui la relation a été si conflictuelle.

DES MILLIONS D'ORPHELINS

Si la peine de ceux qui l'ont connu est légitime, rationnelle, la disparition de la star laisse partout sur la planète des millions d'orphelins sincères qui ne l'ont pourtant jamais croisé. L'onde de choc secoue profondément, même chez des gens qui ne se définissaient pas du tout comme des fans de Kobe. Adulé ou détesté, idole ou adversaire, Bryant ne laissait personne indifférent. Il s'était imposé d'une façon ou d'une autre comme une figure familière. Un repère. Au-delà du cercle de ses fans, il était devenu un compagnon de route de vingt-cinq ans.

LAKE
24
KB
24
GIGI KOBE RIP
KING BRYANT
1978 KB 2020
REST IN PEACE

À l'image de cette fresque murale, mémorial improvisé en l'honneur de Kobe Bryant situé dans une allée de Lebanon Street à Los Angeles, des centaines d'hommages ont fleuri sur les murs et façades aux quatre coins de la ville, mais aussi de la planète, des Philippines à la Bosnie, de l'Australie à la France, dans les semaines qui ont suivi la tragédie.

En vingt ans sous la seule tunique des LA Lakers, Kobe Bryant a disputé 1566 matches dont 220 en play-offs et cumulé cinq titres de champion NBA.

Tous les amateurs de basket de sa génération ont grandi en rêvant de faire comme Michael Jordan. Kobe a été le seul assez fou pour prendre au premier degré cette envie obsessionnelle et se donner tous les moyens possibles pour y parvenir. Au-delà même des résultats obtenus, seul compte le chemin, la démarche et ce qu'elle révèle d'une personnalité. Objectivement, Kobe Bryant n'avait pas le talent nécessaire pour se hisser à la même hauteur que des spécimens physiques uniques comme Jordan, ou même Shaq et LeBron James. Mais son éthique de travail invraisemblable, sa confiance en lui inébranlable, son esprit de compétition démentiel ont plié la réalité à sa résolution. Depuis sa retraite, Kobe était également le père que tout le monde rêve d'être. « Girl Dad ». Père de quatre filles. Celui qui se lève toujours bien avant le soleil, pour remplir ses obligations d'une vie particulièrement remplie, sans jamais manquer un match de sa fille Gianna, celui qui l'emmène aux matchs, celui qui l'entraîne, pendant des heures. À la fin de sa carrière de joueur, il a commencé à se déplacer en hélicoptère à Los Angeles pour ne pas modifier sa routine d'entraînement matinal, tout en étant toujours présent pour le petit déjeuner de ses filles et pour les déposer lui-même à l'école quand il n'était pas en déplacement.

L'INCARNATION D'UNE LEÇON

Kobe était la preuve vivante que la volonté, l'obstination, l'acharnement payent. Un professeur contesté pour ses méthodes, pour les dommages collatéraux provoqués en chemin, pour son égoïsme, mais au final, peu importe. Il incarnait une leçon de vie universelle. Chacune de ses apparitions était comme un aiguillon piquant nos paresses, nos excuses, notre zone de confort. Le dépassement et l'excellence sont là. Quel que soit le domaine ou l'âge, une meilleure version de nous-mêmes est devant nous.

Sa disparition est terrible, celle de sa fille et de ses amies plus insupportables encore. La mort de Kobe ramène chacun de nous à sa vanité première. *Memento mori*. « Souviens-toi que tu vas mourir », soufflaient ainsi dans la Rome antique des esclaves dans le sillage des généraux victorieux de retour dans la capitale de l'Empire. Kobe était capable de shooter deux lancers francs sans ciller après une rupture totale du tendon d'Achille, une blessure qui provoque une douleur immense. Il est revenu à son meilleur niveau après un nombre incalculable de blessures et en dépit de l'âge et de milliers de minutes passées sur le terrain. Il semblait toujours parfaitement en contrôle, de son corps, de ses émotions, de ses nerfs. Invincible, éternel. Son décès, au-delà de la peine et du deuil, assène une claque cinglante et ravive une vérité essentielle que la société moderne tend à vouloir occulter : si Kobe Bryant peut partir du jour au lendemain, moi aussi. Il n'est donc pas trop tard pour commencer à vivre vraiment.

« Quand il est mort, une partie de moi est morte aussi », a pleuré Michael Jordan lors du mémorial en l'honneur de Kobe fin février 2020. « Et où que vous soyez sur la planète, une partie de vous est morte. Voici les souvenirs avec lesquels nous devons vivre désormais et les leçons que nous pouvons en tirer. »

Ce livre n'a pas d'autre ambition que celle-là.

À la mémoire de Kobe Bryant.

LA DIGNITÉ DE SA FEMME VANESSA, LES LARMES DE MICHAEL JORDAN.

Pour beaucoup, Bryant était devenu un repère.
Il était tel un super héros. Il semblait indestructible, immortel.

24

1978-1992 : MADE IN ITALY

LE FILS DE JELLYBEAN ET PAM

SON PÈRE JOE, SURNOMMÉ « JELLYBEAN », LUI A INSUFFLÉ L'AMOUR DU JEU, SA MÈRE LUI A TRANSMIS L'INSTINCT DE TUEUR.

Un maillot des San Diego Clippers sur les épaules, un gamin slalome entre le canapé, les lampes et la table du salon. Nous sommes en 1981. Un mini-panier à l'effigie de Dr J est posté à côté de la télévision. Sur l'écran, Joe Bryant enchaîne paniers et passes dans le dos. Kobe Bryant a 3 ans et il imite, méticuleusement, chaque mouvement de son père, poussant le mimétisme jusqu'à s'asseoir de concert avec lui lors des temps morts.

Avant Magic Johnson, avant Michael Jordan, son premier modèle était « Jellybean ». Le surnom vient de ces dragées colorées gélatineuses qui collent aux dents, autant qu'elles seyaient au jeu flashy et à la personnalité affable et extravertie de Joe Bryant.

Légende des playgrounds de Pennsylvanie, cet ailier de grande taille (2,06 m), qui va prénommer son fils en hommage au bœuf de Kobe dégusté dans le *steakhouse* d'un mall des suburbs de Philadelphie, sa ville natale, a connu une carrière honorable mais inaboutie de huit ans en NBA (8,7 points).

Souvent utilisé comme sixième homme, assigné aux missions défensives, il évolue aux côtés de Julius Erving et Darryl Dawkins avec les Sixers, disputant au passage une finale NBA en 1977 (perdue contre Portland), avant de rejoindre San Diego, puis Houston où, en déclin, il finit par vendre des voitures pour le propriétaire de l'équipe. En 1984, à 30 ans, il décide de relancer sa carrière en Italie, où sa femme et ses trois enfants l'accompagnent.

Ils y passeront six ans. Dans la Botte, Joe devient une légende. Un mois, à Rieti, sa première saison, il tourne à 37,8 points. Les supporters lui composent un hymne. « Qui est meilleur que Magic et Jabbar ?

Pour Kobe Bryant, tout a commencé dans la Botte, où son père Joe (ci-dessus, avec sa femme Pamela) a emmené sa famille et terminé sa carrière, de 1983 à 1991.

MON PÈRE M'A INSUFFLÉ LA CONFIANCE EN MOI, L'AMOUR DU JEU...

Kobe Bryant

C'est Joseph ! Joseph Bryant », rapporte, en italien dans le texte, Kobe dans une interview.
Fasciné par son père, le gamin calque son jeu sur le sien. Mais alors que Joe, personnalité flamboyante, s'est toujours reposé sur son talent, héritant d'une réputation de joueur nonchalant et rechignant à l'effort, Kobe, dès ses plus jeunes années, affiche un tempérament introverti et une volonté inébranlable, qu'il aurait plutôt hérités de sa mère Pamela Cox. « Elle était rude », raconte-t-il dans *Sports Illustrated*, évoquant des un-contre-un familiaux où celle-ci préfère mettre son fils de 14 ans à terre plutôt que de le laisser lui dunker dessus. Le frère cadet de Pam, Chubby, a brièvement joué en NBA. Son neveu John Cox a été une figure du championnat de France. « Mon père m'a insufflé la confiance en moi, l'amour du jeu, il m'a appris à le décrypter. Ma mère est la fougueuse, résume Kobe Bryant. « Elle a cet instinct de tueur en elle.

Au sein de la Cantine Riunite Reggiana, qu'il mènera au titre départemental, Bryant se démarque déjà par son air impassible, son sérieux.

DU SANG ITALIEN DANS LES VEINES

DE 5 À 13 ANS, C'EST EN ITALIE QUE KOBE BRYANT APPREND LES FONDAMENTAUX ET, SUR LES PAS DE SON PÈRE, DÉVELOPPE SON OBSESSION DU JEU ET DE LA VICTOIRE.

Front contre front, regard dans le lointain, Kobe Bryant, revêtu du maillot des Lakers, et sa fille Gianna, afro au vent et sweat large siglé Mamba, discutent de la scène qui se joue devant eux. Un match de basket, de toute évidence. La fresque, flanquée d'un graffiti pourpre et or « Reggio Emilia vous aime », est apparue fin juillet sur un cabanon planté dans la pelouse du Parc Il Noce. Elle fait face à l'un des playgrounds les plus fréquentés de la ville d'Émilie-Romagne, en deuil depuis la disparition de l'un de ses enfants, comme son maire Luca Vecchi l'a salué. À une poignée de stations de bus, la place nouvellement nommée Piazza Kobe Bryant, à proximité de la Via Guasco et du PalaBigi, où le père a fait le spectacle de 1989 à 1991. Où le fils a posé les fondations de sa carrière en menant la Cantine Riunite Reggiana au titre départemental.

« Mon histoire a commencé ici », raconte l'intéressé, qui, ayant sauté la case université, se décrit à son arrivée en NBA en 1996 comme « un import italien ». Toute sa carrière, il critiquera un système de formation US « horrible » qui se focalise sur les qualités athlétiques et oublie la base. « Les Européens sont plus complets, ils apprennent à jouer de la bonne manière », affirmait-il à ESPN en 2015.

« Le minibasket m'a aidé, expliquait Bryant lors du tirage au sort de la Coupe du monde, en 2019. Jouer sur des terrains plus petits, avec des arceaux bas. J'ai appris à utiliser ma main gauche, à shooter correctement. À l'entraînement, on ne travaillait que les fondamentaux, la passe, les écrans, les appuis, le mouvement sans ballon... »

À Reggio Emilia, il se lie d'amitié avec Chris Ward, fils d'un employé du consulat américain. Dans sa maison, il s'use les yeux et les pouces sur la Nintendo en

Lors de ses deux dernières années en Italie, à Reggio Emilia, de 1989 à 1991, Kobe Bryant allait à l'école à l'Institut catholique San Vincenzo, et s'entraînait dans ce gymnase.

jouant à Double Dribble. Les deux copains filent ensuite dans le jardin pour des confrontations où Ward campe Michael Jordan, Kobe tenant le rôle de son idole de jeunesse, Magic Johnson...

Dans le vestiaire du PalaBigi, Bryant débarque un jour en sanglots, torturé par une douleur au genou, geignant que la blessure l'empêchera de jouer en NBA. « On a tous éclaté de rire, se remémore Davide Giudici, l'un de ses coéquipiers de l'époque, dans le magazine *L'Équipe*. On était des gamins.

On ne le prenait pas au sérieux. C'était un solitaire, très adulte, qui pensait déjà comme un pro. Après l'entraînement, on allait manger une glace. Lui retournait s'entraîner chez lui, dans son village de Montecavolo, sur une colline à 10 kilomètres de là. On était des rêveurs, lui un robot. Il était programmé. »

Avant Reggio Emilia, la famille Bryant était passée par Rieti, à 50 kilomètres de Rome (1983-1986), le sud de l'Italie à Reggio Calabria (1986-1987), puis la Toscane, à Pistoia (1987-1989).

Dans la chambre du jeune Kobe, 6 ans, trône un poster taille réelle de Magic. Tous les deux jours, ses grands-parents enregistrent et expédient des VHS de matches NBA. Il les décortique avec son père, puis continue à se les passer en boucle. « Il regardait ça comme des films, racontait sa sœur Shaya à *Sports Illustrated* en 1998. Au point de savoir ce que les acteurs allaient faire à l'action suivante. » L'obsession du détail, déjà. Avec ses sœurs Shaya et Sharia, il intègre l'école et apprend peu à peu l'italien en jouant avec les mots. En plus du basket, il suit aussi des cours de karaté et… de danse classique. Puis le gamin part en quête du playground le plus proche. Mais dans un pays fondu de foot, les jeunes utilisent plus souvent les cages érigées sous les panneaux que les arceaux qui les surplombent. « Après la classe, j'étais le seul sur le terrain, à travailler mes moves. Je parvenais à retenir mes camarades tant qu'ils étaient deux ou trois. À onze ou douze, c'était soit rentrer chez moi, soit jouer goal. »

De 5 à 13 ans, Kobe Bryant joue ainsi au foot quotidiennement. Il développe une passion pour l'AC Milan et ses « Immortels » champions d'Europe en 1989 et 1990 Marco van Basten, Ruud Gullit et Frank Rijkaard. « Si vous me coupiez les bras, du sang pourpre et or coulerait du bras droit, du sang rouge et noir du gauche », aimait-il répéter.

Le reste du temps, Kobe Bryant, qui, ballotté du nord au sud de la Botte, n'a jamais le temps de nouer des amitiés durables, grandit isolé et suit son père telle une ombre, à l'entraînement, aux matches. À la mi-temps, il fonce sur le parquet faire admirer son adresse au public. À la fin des rencontres, il provoque les coéquipiers de Joe en un-contre-un.

Ses coéquipiers de l'époque, tel Davide Giudici, gardent un souvenir vivace de Kobe. « C'était un solitaire, qui pensait déjà comme un pro. Après l'entraînement, on allait manger une glace, lui retournait s'entraîner. On était des rêveurs, lui un robot. »

8th Boys' Basketball

Row 1: R. Howard, M. Kalan, P. Swedloff, D. Lasman, J. Smith. Row 2: P. Luongo, J. Alva, K. Holt, V. Johnson, J. Denenberg. Row 3: S. Snider, M. Belmondo, K. Bryant, R. Wasserman, B. Shank, O. Williams, G.C. Smith (coach).

À son retour aux États-Unis, en 1992, Bryant intègre la Bala Cynwyd middle-school, en Pennsylvanie, où il porte déjà son iconique numéro 24.

« Il squattait l'échauffement et shootait avec nous, raconte Brian Shaw, qui a croisé la route des Bryant quand il jouait pour Rome, en 1989-1990, avant de remporter trois titres avec Kobe et les LA Lakers en 2000, 2001 et 2002. Un jour, je lui ai dit de dégager. Il n'a pas bronché et m'a défié au HORSE... » Et l'a emporté, dit la légende.

Le samedi, le paternel emmène la famille randonner en montagne. Le lundi, les Américains des équipes italiennes se retrouvent à Florence ou Rome pour visiter la galerie des Offices ou le Colisée et déjeuner au McDonald's.

Fin 1991, les Bryant mettent le cap sur Mulhouse, où Joe, sur la fin, jouera quelques mois avant de se voir montrer la porte. Kobe y vit son premier trauma, quand un coup de fil des grands-parents,

SI VOUS ME COUPIEZ LES BRAS, DU SANG POURPRE ET OR COULERAIT DU BRAS DROIT, DU SANG ROUGE ET NOIR DU GAUCHE.

Kobe Bryant

Citoyen du monde

De son enfance sur le Vieux Continent, Kobe Bryant a rapporté aux USA un goût pour la culture européenne, son architecture, ses paysages, ses langues, mais aussi une appétence pour le reste du monde. Luka Doncic, la pépite slovène de Dallas, peut en témoigner, lui qui avait, le 31 décembre 2019 sur le parquet du Staples Center, entendu quelqu'un, depuis le premier rang, le chambrer dans sa langue natale. Kobe était posté là, hilare, avec sa fille Gianna. Sur les planches, il parlait avec Pau Gasol en castillan. Avec Ronny Turiaf, il jargonnait en français. Née en Californie, sa femme Vanessa a des origines mexicaines, irlandaises, anglaises et allemandes. Bref, l'ex-arrière des Lakers était un citoyen du monde. Hors terrain, il est devenu une icône mondiale. En Chine, où il a joué les ambassadeurs pour la FIBA lors de la dernière Coupe du monde, il était vénéré comme un demi-dieu. Devant l'une de ses universités, Canton lui a même érigé une statue.

Kobe ambassadeur de la FIBA World Cup 2019, remet le trophée à Yao Ming, légende NBA et président de la fédération chinoise de basket.

La famille Bryant vivait à une dizaine de kilomètres du centre de Reggio Emilia, en haut d'une colline, à Montecavolo. C'est sur ce terrain, celui de la paroisse du village, que Kobe passait des heures quotidiennement.

à 2 heures du matin, annonce à la famille la retraite de Magic Johnson, dont la séropositivité vient d'être rendue publique. Durant les 45 minutes du trajet en voiture qui le mène à l'école américaine de Bâle, où il est scolarisé, Kobe pleure. Il passera une semaine sans manger.

Revenu maintes fois en Italie, la dernière fois en 2016, Kobe Bryant a failli évoluer sous le maillot de la Virtus Bologne lors du lock-out NBA en 2011. Un accord verbal avait été trouvé, mais l'affaire n'a pas abouti.

De ses pérégrinations italiennes et françaises, il gardait des souvenirs précieux. « Cette expérience a stimulé mon imagination, ma capacité à penser le jeu », glissait en 2017 à *L'Équipe* celui qui a choisi, pour ses quatre filles, des prénoms à consonance italienne, Natalia, Gianna (décédée avec son père dans l'accident d'hélicoptère du 26 janvier), Bianka et Capri. Dans l'édition italienne de *GQ*, il ajoutait : « Parfois il m'arrive encore de penser en italien. Avant cela m'arrivait aussi en rêvant, mais plus maintenant et j'en suis navré. J'ai l'impression de faire du tort à mes instituteurs. Avoir grandi en Italie m'a appris à m'adapter, à élargir mon horizon. Mes amis aux USA connaissaient tous les recoins de leur ville, mais n'en sont jamais sortis. Moi à 13 ans, j'avais déjà vu le monde, et sans œillères. »

Kobe Bryant reçoit le trophée de champion sur la Piazza della Vittoria, où les finales contre le rival historique de Novellara se jouaient, en extérieur.

LE TÉMOIN

JIMMY VÉROVE

« À 13 ANS, DÉJÀ UN ENRAGÉ. »

L'année précédant son sacre européen avec Limoges en 1993, Jimmy Vérove, alors 21 ans, jouait à Mulhouse, où il a vu débarquer le « Magic Johnson européen », Joe Bryant, et son jeune fils Kobe, 13 ans, qui le provoquait après chaque entraînement en un-contre-un.

« Il est venu me chercher assez naturellement. D'abord parce que j'étais le mec le plus jeune de l'équipe, donc le plus proche de lui. Et puis j'arrive à Mulhouse directement de l'équipe de France jeunes, donc je m'installe au Squash 3000, le même hôtel que les Bryant. Kobe venait à tous les entraînements de son père. Moi, je restais après pour travailler les gammes. Il squattait avec moi et je le ramenais, parfois avec ses sœurs. Il me rendait les ballons, je le faisais shooter, il me défiait dans des concours de shoot, en un-contre-un. Quand il perdait, il te disait : "On rejoue." On aurait pu continuer toute la nuit. Ce n'est jamais lui qui m'a dit : "On rentre."

« On n'a pas eu des discussions existentielles, mais sa détermination crevait les yeux. À cet âge, tu ne peux pas deviner ce qu'il va devenir, mais, même si je ne peux pas dire que ça m'ait totalement surpris, rétrospectivement, c'est dingue. Il vivait avec son ballon, arrivait, repartait en dribblant. Surtout, c'était à sa manière, déjà, un enragé du travail. Il se fixait un objectif, par exemple toucher le filet en sautant, et ne faisait plus que ça. Il s'acharnait, ne s'arrêtait pas avant d'y arriver. Ensuite, il fallait atteindre la planche. Etc. Son père étant sur le déclin, après quelques mois, le club s'en est séparé. Ils sont partis. Je l'ai oublié ». « Puis un jour, cinq ans plus tard, j'achète le journal *L'Équipe*. Je l'avais laissé traîner dans ma voiture. Je venais d'acheter un panier de basket, je me suis mis à le monter, et à un moment, je prends une pause. J'ouvre le canard et je vois : "Kobe Bryant signe aux LA Lakers". Je me dis que j'ai déjà entendu ce prénom rare... Je regarde sa photo, je vois une afro. Puis je comprends. C'était le gamin ! Je n'arrivais pas à y croire ».

« Quand je vois le regard de sa fille Gianna, des vidéos d'elle, aujourd'hui, j'ai des flash-back. Je revois son père. C'étaient des clones dans leur attitude, leur manière de jouer. Ce qui leur est arrivé est irréel. Un mauvais film, un mensonge. Kobe était un immortel, un super-héros. Et les super-héros ne meurent pas. »

IL EST VENU ME CHERCHER ASSEZ NATURELLEMENT. D'ABORD PARCE QUE J'ÉTAIS LE MEC LE PLUS JEUNE DE L'ÉQUIPE, DONC LE PLUS PROCHE DE LUI.

Aujourd'hui assistant-coach à Pau, Jimmy Verove est l'un des premiers à avoir découvert le phénomène Bryant en France, en 1991, jouant les mentors pour l'adolescent de treize ans à Mulhouse.

LOWER
33
MERION

1993-1996 : UN SUR UN MILLION

OBSESSION, DÉTERMINATION, RÉVÉLATION

LA FAMILLE BRYANT REVIENT À PHILADELPHIE JUSTE AVANT L'ENTRÉE DE KOBE AU LYCÉE. QUATRE ANNÉES CHARNIÈRES QUI VONT LE VOIR DEVENIR LE PREMIER JOUEUR EXTÉRIEUR A ÊTRE DRAFTÉ EN NBA SANS PASSER PAR L'UNIVERSITÉ.

« Ils ne me connaissent pas. » Roland Lazenby, dans son livre *Showboat*, relate la conversation du jeune Kobe Bryant, 17 ans, *senior*, c'est-à-dire en classe de terminale, avec Jeremy Treatman, alors assistant coach de l'équipe de basket du lycée de Lower Merion. Début de l'année 1996, il est désormais de notoriété publique que Kobe envisage d'inscrire son nom à la draft NBA, sans passer par la case université. Dans les médias, le débat fait rage et certains critiques ne retiennent pas leurs coups. L'Histoire est de leur côté. Jamais un arrière n'a réussi à franchir le fossé entre le basket de lycée et la ligue pro. Ni Jordan, ni Magic, ni Bird. Jusqu'alors, entre 1962 et 1975, il y a eu trois pivots, Reggie Harding, Darryl « Chocolate Thunder » Dawkins et Bill Willoughby pour passer du lycée à la NBA. Lors de la dernière draft, en 1995, un OVNI, un ailier fort squelettique mais incroyablement mobile et délié de 2,11 m, a rejoint Minnesota après avoir été meilleur joueur du pays avec le lycée Farragut de Chicago. Un certain Kevin Garnett. Le basket reste un jeu de géants et ces quatre lycéens étaient des intérieurs. L'opinion majoritaire considère qu'il est impossible pour un ado de 17 ans d'avoir la maturité physique, technique, tactique et émotionnelle pour encaisser le rythme et le niveau de la meilleure ligue du monde. « Ils ne savent pas à quel point je veux y être », objecte alors Kobe.

À L'ÉPOQUE, PERSONNE NE SAIT QUE LE RÉVEIL DE CELUI QUI EST ALORS CONSIDÉRÉ COMME LE MEILLEUR JOUEUR DU PAYS SONNE BIEN AVANT L'AUBE.

Que sa voiture démarre à 4h30. Qu'il passe prendre Robby Schwartz, un élève de Première d'1,63 m qui donne tout pour être le douzième homme des Aces, surnom de l'équipe du lycée, parfois un autre joueur

Kobe Bryant dunke pour un shooting photo pour un grand magazine national américain.
Il a été l'objet de toutes les attentions médiatiques dès le lycée.

de l'équipe, et que cet attelage étrange se pointe à 5 heures du matin devant le gymnase du lycée. Le gardien, à peine réveillé, leur ouvre pour une session matinale avant le début des cours à 7h30. Les anecdotes sur l'éthique de travail de Kobe Bryant ne manquent pas. C'est une chose de consentir à des sacrifices en tant que professionnel. Mais cette dévotion, même chez des monstres de travail comme LeBron James ou Dirk Nowitzki, intervient généralement après vingt-cinq ans et des échecs répétés en playoffs.

En janvier 2020, à l'annonce de sa disparition, des fans se recueillent à l'entrée du gymnase de Lower Merion High School dans la banlieue de Philadelphie qui porte son nom.

LES LARMES EN JUNIOR

Pour Kobe, une défaite 64-59 en prolongation face au lycée de Hazelton, au deuxième tour des playoffs du meilleur niveau de lycée (AAAA) lors de son année junior, malgré 33 points et 15 rebonds, ont suffi à le faire basculer. Au même âge, LeBron James fume de la marijuana et se fait réprimander par son coach pour son manque de sérieux à l'entraînement. « Kobe s'est effondré et s'est excusé auprès de ses coéquipiers pour ne pas avoir su les porter », explique alors Gregg Downer, le coach des Aces au *Philadelphia Inquirer*. « C'était pour moi une révélation. Il attache la plus grande importance à sa performance. » Kobe sèche alors ses larmes et promet à haute voix que la saison prochaine, ils seront champions.

Bryant projette sur cette saison senior de faire ce qu'aucun arrière n'a jamais réussi. Rejoindre la NBA à la sortie du lycée. Ses objectifs vont donc bien au-delà des challenges que peut proposer le sport scolaire. Remporter le titre de l'État, devenir le meilleur lycéen de l'année sont donc des points de passage obligés plus que des objectifs en soi. S'il échouait, comment pourrait-il prétendre à la draft dès 1996 ?

La famille Bryant quitte Mulhouse et l'Europe à la fin de la carrière pro de Joe pour revenir s'installer à Philadelphia. Kobe opte en 1992 pour un établissement proche de chez lui, un lycée d'une banlieue relativement aisée de l'agglomération. « Nous sommes une petite école », expliquait Gregg Downer, le coach de l'équipe à *USA Today*. « Les équipes de banlieue étaient considérées tendres, soft. Les équipes du centre-ville étaient dures, agressives. » Les Aces de Lower Merion n'ont rien gagné depuis 1943. Coach Downer doit reconstruire et a repéré Kobe lors d'un match AAU. Il l'invite à l'entraînement. Il comprend alors à qui il a affaire.

PROBLÈMES DE GENOUX

Pourtant, à l'époque, Kobe n'est qu'un grand échalas d'1,88 m dont les genoux sifflent en pleine poussée de croissance. Son potentiel athlétique n'a rien d'évident. Il n'a pas d'explosivité. Le coach est toutefois époustouflé par la technique, le sérieux et l'attitude avec laquelle le gamin envisage le jeu, les entraînements. La confiance et le feu intérieur qui l'animent aussi. Kobe choisit ce lycée car il peut immédiatement intégrer le cinq majeur de l'équipe Varsity et disposer d'une carte blanche en attaque. « Son tir extérieur est phénoménal », note déjà son coach dans le journal local en présentation de la saison 1992-93.

La première campagne est une purge. L'appétit offensif (déjà 18 pts de moyenne) du *freshman* – élève de Troisième – se paye cher collectivement. Quatre victoires, 20 défaites. Le coach et les coéquipiers de Kobe avalent bien des couleuvres mais même les joueurs de Terminale reconnaissent l'investissement absolu du gamin. Difficile de reprocher quoi que ce soit à un individu qui travaille si dur. Dès sa deuxième saison, Kobe mesure 1,94 m et son jeu se met en place. 22 points et 10 rebonds de moyenne. L'équipe se met à gagner. Pour sa saison junior, Bryant est le meilleur joueur de l'État du Delaware. Il domine outrageusement (31,1 pts, 10,4 rbds, 5,2 pds et 3,8 cts) mais connaît l'amertume de la défaite en playoffs.

KOBE S'EST EFFONDRÉ ET S'EST EXCUSÉ AUPRÈS DE SES COÉQUIPIERS POUR NE PAS AVOIR SU LES PORTER.

Gregg Downer

Les meilleures universités le veulent. Sa rencontre avec Mike Krzyzewski, « Coach K » de Duke University, le fait hésiter. Mais dès l'été 1995, Kobe s'entraîne avec des pros du calibre de Jerry Stackhouse. Dès 1994, il squattait les entraînements informels des joueurs de l'université de Temple, pris sous son aile par Eddie Jones qu'il retrouvera plus tard aux Lakers. Au cours de la saison suivante, il est régulièrement présent dès 6 heures du matin à l'entraînement dans le complexe des Sixers, sous la houlette du coach John Lucas.

COQUELUCHE DES MEDIAS

Les médias new-yorkais s'intéressent à lui, les télévisions débarquent dans les salles de classe et Kobe joue le jeu. Il adore l'attention, charme ses interlocuteurs, adopte le phrasé et les attitudes de Michael Jordan. Il participe même à créer le buzz

Kobe Bryant, le filet de champion autour du cou, avec l'assistant coach Jeremy Treatman et son coéquipier Jeremy Griffin.

en se pointant au bras de Brandy Norwood, ado star, chanteuse et actrice extrêmement populaire à l'époque. De nombreux médias font l'erreur de critiquer cette superficialité de surface, sans pour autant prendre la peine de contempler les fondations de l'ambition de Kobe. Au cours de cette saison où toutes les portes s'ouvrent à lui, où les tentations de s'éparpiller sont grandes, rien n'entame sa détermination. Parfois il se pointe à des soirées mais ne reste pas, il se lie avec des filles, mais ne perd jamais la tête. Son obsession se résume au basket.

Kobe, fils d'une famille unie et aisée, lycéen d'un établissement de bon niveau, joue avec la rage et l'agressivité de ceux qui n'ont rien mais avec la discipline, le contrôle et la confiance des privilégiés. « Il était plus déterminé que n'importe qui », a confié à Roland Lazenby Donnie Carr, son grand rival au lycée, plus petit (1,90 m), plus explosif, aujourd'hui assistant coach à l'université de LaSalle où il a tourné en quatre saisons à 20 points de moyenne entre 1996 et 2000 avant de poursuivre une carrière pro en Europe. « Sa détermination n'avait absolument aucun équivalent. »

IL ÉTAIT PLUS DÉTERMINÉ QUE N'IMPORTE QUI.

Donnie Carr, rival de Bryant au lycée

Il se livre dans chaque entraînement, chaque exercice, chaque concours de tirs comme si sa vie en dépendait. Un jour, sur un match d'entraînement de trois contre trois, le petit Schwartz ne lui passe pas le ballon sur la dernière possession et rate le tir. Derrière, leur équipe s'incline. Première fois en quatre saisons que Bryant perd quoi que ce soit à l'entraînement. Il rentre dans une telle rage contre son coéquipier, dont il est pourtant proche, que ce dernier quitte le gymnase en courant pour sa vie. La férocité de Kobe n'est pas à géométrie variable. Son courage non plus. John Lucas, coach des Sixers en 1995, confie en 2010 à ESPN que le lycéen de 16 ans en est presque venu aux mains avec Vernon Maxwell, joueur de Philly d'alors 28 ans, 2 bagues NBA et le surnom mérité de Mad Max. Le score était de 9-9 et la tension maximale. Kobe n'avait peur de rien ni personne. L'obsession d'être le meilleur prenait le pas sur tout le reste.

CHAMPION

Les Aces bouclent la saison 1995-96 sur 30 victoires de rang. Même un nez cassé à l'entraînement avant la demi-finale, même John Linehan, ce poison de défenseur (voir encadré) qui a donné tant de fil à retordre avec son lycée de Chester au bout d'une demi-finale dénouée en prolongation où Kobe a marqué 39 points, n'ont pu l'empêcher d'imprimer sa volonté. Champion de l'État, meilleur lycéen des États-Unis.

Le 29 avril 1996, après la fin des cours, une conférence de presse se tient dans le gymnase de Lower Merion. Kobe Bryant, en costard cravate, lunettes de soleil sur un crâne rasé, cabotine et laisse planer un effet de suspense digne d'une mauvaise émission de téléréalité. « J'ai décidé de ne pas aller à l'université et de déménager mes talents en NBA »,

Linehan, ce virus

Lors de cette fameuse demi-finale des playoffs pour le titre de champion de Pennsylvanie, Kobe Bryant a marqué 39 points mais également perdu 8 ballons. À l'époque, Kobe remontait souvent le ballon, comme un meneur. Et il s'est heurté plusieurs fois à un monstre de rapidité, un bloc de puissance, un défenseur hors pair. John Linehan, 1,75 m, meilleur intercepteur de l'histoire de la NCAA avec 385 steals (4,5 en moyenne lors de sa dernière année à Providence). Lors des playoffs NBA 2001, Kobe Bryant confiera que le défenseur qui lui a posé le plus de problèmes jusque-là était Linehan, surnommé le virus. Les deux joueurs ont évolué adolescents dans la même équipe AAU. Linehan va jouer ensuite près de dix saisons en tant que joueur pro en France.

une formule que reprendra LeBron James en 2010 pour annoncer sa décision de rejoindre Miami. Ce choix va changer le visage de la NBA et de la NCAA pour la décennie à venir avant que la draft ne devienne interdite aux lycéens en 2006. Dans son sillage, Tracy McGrady, Rashard Lewis, Amar'e Stoudemire, LeBron James et Dwight Howard vont suivre son exemple.

Le chiffre

2 883

Le nombre de points inscrits par Kobe Bryant en quatre saisons sous le maillot de Lower Merion High School. Avec ce total, il efface des tablettes Wilt Chamberlain, un des plus grands scoreurs de l'histoire du basket-ball, en tant que meilleur scoreur de l'histoire de la Southeastern Pennsylvania. Son record tient toujours.

Pour ceux qui découvrent alors Kobe Bryant sur ce podium, la scène pue l'arrogance. Ceux qui le côtoient depuis plusieurs années savent que le gamin ne manque effectivement pas de confiance en lui. Qu'il aime attirer les regards. Mais qu'il savoure aussi de façon très pure et très sincère le bonheur d'être exactement là où il veut être. De cueillir le fruit d'une vie de dévotion inimaginable, d'une existence entièrement consacrée depuis une décennie déjà vers cet unique objectif. Être le meilleur, le premier.

L'ARME SECRÈTE D'ADIDAS

« Merci, monsieur Vaccaro, de m'avoir invité, je suis désolé si je vous ai déçu, mais l'année prochaine, je serai le meilleur joueur du camp. » Été 1994. Kobe Bryant, entre sa deuxième et troisième année. Il n'est encore sur les radars de personne. Joe, son père, va personnellement voir Sonny Vaccaro, responsable marketing en charge pour Adidas des camps de basket d'élite ABCD. Vaccaro est l'homme qui a signé Michael Jordan pour Nike en 1984. Il travaille désormais pour la concurrence et n'a qu'une envie : faire la nique à son ancien employeur. Il est frappé par l'aplomb du jeune homme, choisi parmi les All-Stars des *juniors* du camp, qui ont pourtant un an de plus que lui. Vaccaro est alors un des premiers personnages d'envergure à suivre de près Bryant lors de sa saison junior. Il découvre son éthique de travail, sa confiance, son charisme aussi, élément déterminant. L'été 1995, Kobe est effectivement élu MVP du camp ABCD et devient alors le dossier prioritaire de Vaccaro qui croit dur comme fer que le gamin est le prochain Jordan. Il s'installe à New York, nomme un intermédiaire de confiance auprès de la famille Bryant pour gagner incognito leur confiance. Des méthodes dignes de la CIA. Vaccaro n'a qu'une crainte : que Nike, qui ne s'intéresse alors pas aux lycéens, capte son manège et ne se mette sur les rangs. Il pousse alors pour que Kobe zappe la case université, de peur de le perdre. Il présente le contrat avec Adidas comme une assurance au cas où le saut vers la NBA ne se révèle pas être une bonne option pour la carrière du gamin. Plus trouble encore, Joe Bryant démissionne alors de son poste d'assistant coach à l'université de LaSalle – qui espère alors signer Kobe comme son père au début des années 1970 – et fait comprendre à la marque aux trois bandes qu'il veut toucher sa part du gâteau. Le 21 mai 1996, donc avant la draft, Adidas annonce son partenariat avec Kobe Bryant. Un million de dollars par an sur cinq ans. Une somme alors énorme pour l'époque. Joe est engagé en tant que salarié de la marque pour 150 000 dollars par an. Avant même qu'il ne soit drafté. D'ailleurs Vaccaro lui-même prétend qu'il a œuvré, répandant la rumeur que Kobe n'accepterait jamais de jouer pour telle ou telle franchise, pour que son poulain rejoigne un marché porteur au niveau marketing. Comme Los Angeles par exemple…

LE 21 MAI 1996, DONC AVANT LA DRAFT, ADIDAS ANNONCE SON PARTENARIAT AVEC KOBE BRYANT.

Dès le lycée, le jeune Kobe joue le jeu des médias. Mieux, il cherche leur attention.

Kobe célèbre en 1996 le titre de l'Etat acquis avec les Aces de Lower Merion.

BRYANT
8

1996-1999 : SUR ORBITE

QUATRE AIRBALLS, UN DESTIN

POUR SON PREMIER MOMENT DÉCISIF EN PLAY-OFFS, KOBE BRYANT VIT UN CAUCHEMAR. IL N'OUBLIERA JAMAIS, ET S'EN SERVIRA POUR GRANDIR.

Comme tous les basketteurs, il avait rêvé de ce moment. Celui qu'il conte dans son poème d'adieu au jeu, *Dear Basketball*. « Quoi qu'il arrive, je serai toujours ce gamin avec ces chaussettes roulées en boule, la poubelle dans le coin de la pièce. 5 secondes au chrono, la balle dans mes mains. 5… 4… 3… 2… 1… » Dès son année rookie, le 12 mai 1997, ses Lakers menacés d'élimination (1-3) contre Utah en demi-finale de conférence, alors qu'il sort d'une saison à 15 minutes et 7,6 points par match, Kobe Bryant est catapulté sur le devant de la scène. Fin du temps réglementaire, 89-89. Byron Scott est blessé, Robert Horry s'est fait expulser, Shaquille O'Neal est sorti pour six fautes et Nick Van Exel joue sur une jambe. Temps mort. Kobe demande la balle au coach Del Harris. Le rêve tourne au cauchemar. Airball. Prolongation. Lors du temps supplémentaire, trois autres de ses tentatives, dont deux tirs à 3 points qui auraient offert l'égalisation, ne touchent pas l'arceau. Alors que son idole Michael Jordan avait conclu sa première année à North Carolina par le shoot du titre en NCAA en 1982, Kobe précipite involontairement la chute des Californiens.

JE ME SENTAIS MISÉRABLE

Kobe Bryant

Cet instant sera pourtant fondateur. « Un moment décisif, très tôt, contait l'intéressé au *Los Angeles Daily News* en 2016. J'ai dû apprendre à gérer l'adversité, les critiques du public, le doute qui t'envahit. À 18 ans, cela met tes tripes à l'épreuve. Je chéris ce souvenir aujourd'hui, il m'a façonné. Mais à l'époque, je me sentais misérable. » Le soir même, de retour à Los Angeles, le jeune loup investit la salle du lycée Palisades High et shoote jusqu'au lever du jour. Il y passera son été. « Quiconque aurait manqué ces deux premiers tirs aurait arrêté de shooter, dira Jerry West, alors GM des Lakers. Del Harris s'est fait incendier, mais je le remercie encore aujourd'hui de l'avoir laissé sur le terrain. Kobe n'avait peur de rien et cet épisode l'a fait grandir. »

La stat

31

Sa première saison, en 1997, Kobe Bryant ne participe pas au All-Star Game. Cela ne l'empêche pas de finir meilleur marqueur du match des rookies avec 31 points et de remporter le concours de dunks.

| Kobe Bryant devient en 1996 le premier arrière de l'histoire à faire le bond du lycée à la NBA, sans passer par la case universitaire.

BE LIKE MIKE

DÈS SON ARRIVÉE EN NBA EN 1996, KOBE BRYANT FAIT L'OBJET DE COMPARAISONS AVEC MICHAEL JORDAN. IL EMBRASSE LE RÔLE DE L'HÉRITIER SANS SOURCILLER. LES DEUX PRÉDATEURS NOUERONT PEU À PEU UN LIEN INDÉFECTIBLE.

La majestueuse skyline de Manhattan est baignée d'une lumière orangée, crépusculaire. Au centre, les Twin Towers, encore debout en ce mois de février 1998. De part et d'autre des gratte-ciel jumeaux, deux clones. À droite, Michael Jordan, 35 ans, balle en main, bouche ouverte, semble s'élancer vers son double, l'impétrant Kobe Bryant, à peine 19 ans, regard déterminé, pose identique au millimètre près à celle de l'arrière des Bulls. « Ce week-end, la skyline de New York devient encore plus spectaculaire », prophétise le slogan qui accompagne l'affiche promotionnelle du All-Star Game 1998, qui se tient au Madison Square Garden. Un tournant dans la carrière naissante de Bryant, qui, après un premier exercice délicat, franchit dès sa deuxième saison un palier (15,4 points) et devient le plus jeune titulaire de l'histoire dans le match des étoiles.

« Mes deux premières années ont été difficiles », se remémore-t-il dans le documentaire « The Last Dance » sur son arrivée au sein de Lakers en reconstruction après la grande époque du Showtime.

Les mots et les larmes de Michael Jordan en l'honneur de celui qu'il appelait son « petit frère », lors de la cérémonie tenue en hommage à Kobe Bryant le 24 février, ont bouleversé l'auditoire du Staples Center.

« À l'époque, la ligue était plus "âgée". Personne ne me considérait. J'étais le gamin qui sortait du lycée et avait commis quatre airballs. » Shaquille O'Neal, arrivé le même été, ne tardera pas à le surnommer « Showboat » (fanfaron ou vedette) en référence à son jeu flashy et à son arrogance, prévenant d'entrée : « Je ne suis pas venu faire du baby-sitting. »

KOBE EST LE SEUL QUI AURAIT PU ME BATTRE EN UN-CONTRE-UN... CAR IL A VOLÉ TOUS MES MOVES.

Michael Jordan

Enfant, il était fan des Lakers et de Magic Johnson. Mais c'est sur la domination et le caractère insatiable de Michael Jordan que Kobe calquera son plan de carrière.

Sur cette image restée célèbre, en plein match, pendant une série de lancers francs, Bryant interroge son modèle sur un geste technique, le tir à reculons, qu'il veut réussir à exécuter comme lui.

Pour autant, la NBA, qui sait que l'heure de la retraite approche pour son icône, n'hésite pas à faire de Bryant le successeur désigné de « His Airness ». Même poste, même taille (1,98 m) et qualités athlétiques, gestuelle identique dans les airs... Un coup de génie marketing. Adidas, qui, pour damer le pion à Nike cherche à dénicher le « futur Jordan », a construit son storytelling autour de ce passage de témoin et tout misé sur la pépite de Lower Merion, jubile. Bryant embrasse le rôle avec délectation. Il est en réalité le seul à être convaincu qu'il peut venir chatouiller Jordan. Voire le dépasser. Quand, à l'approche des play-offs 1998, le responsable presse des Lakers l'avertit que les médias semblent obsédés par cette filiation, sa réponse est limpide : « Cela ne me dérange pas. C'est à ce niveau que je compte évoluer. » Un an plus tôt, il désignait Jordan comme le « challenge ultime ». « À chaque occasion, je veux défendre sur lui. » Si Jerry West, Elgin Baylor et Magic Johnson avaient marqué son enfance, Jordan devient vite le modèle, le Graal. Sa volonté, son ambition dévorante, sa domination sans partage. Depuis ses jeunes années en Italie, Bryant pratique le « shadow » basket. Il scrute les gestes techniques des stars puis passe des heures, seul, sans ballon, à les reproduire pour les assimiler. À 17 ans, l'un de ses placards est dédié aux matches de Jordan.

« Kobe est le seul qui aurait pu me battre en un-contre-un », soufflait l'an passé MJ, ajoutant dans un sourire : « Parce qu'il m'a volé tous mes moves. »

« Je lui ai pris pas loin de 100 % de sa technique », admet l'intéressé, né un... 23 (août 1978).

« Son obsession était hallucinante », raconte Phil Jackson, qui a coaché et mené au succès les deux prédateurs, dans son autobiographie *Eleven Rings*. « Il n'a pas seulement fini par maîtriser sa panoplie offensive, il a aussi intégré ses mimiques. » En match comme en interview, l'évidence est telle que des dizaines de montages vidéo s'amusent à mêler et fondre les images des deux phénomènes.

KOBE ÉTAIT ATTIRÉ VERS MICHAEL COMME UN AIMANT.

Jerry West, ancien GM des LA Lakers

Lors d'une de leurs confrontations, au United Center de Chicago, les deux arrières se livrent un combat épique.
L'élève inscrit 33 points en sortie de banc, le maître finit avec 36 unités et la victoire.

Quand on lui demandait s'il en avait assez d'être comparé à Jordan, la réponse de Bryant fusait : « Cela ne me dérange pas. C'est à ce niveau que je compte évoluer. »

Qui, s'ils se sont rencontrés seulement huit fois en saison régulière – plus trois All-Star Games –, ont peu à peu noué une relation intime.
« Il fallait les voir en match, raconte Jerry West, l'ancien manager général des LA Lakers, à ESPN. Kobe était attiré vers Michael comme un aimant. D'habitude, Michael n'interagissait pas avec les joueurs. Mais il avait des affinités avec lui. » Le All-Star Game 1998 ne déçoit pas. Bryant cherche le duel et fait le show (18 points), passant un dunk à 360° et un alley-oop. Jordan score 23 points et finit MVP. Deux mois plus tôt, un match épique les avait opposés sur le parquet du United Center de Chicago. Bilan : 33 points pour l'élève (en sortie de banc !), 36 et la victoire pour le maître. Et cette image restée gravée : les deux joueurs prenant la même posture, recourbés, les mains scotchées à leur short, taillant le bout de gras tandis qu'un joueur tirait ses lancers francs.

JE DÉTESTE CES DISCUSSIONS SUR QUI GAGNERAIT ENTRE LUI ET MOI.

Kobe Bryant

« Je lui ai demandé un conseil sur son tir à reculons et il m'a donné une réponse détaillée. Mais au-delà, il m'a dit : si tu as besoin de quoi que ce soit, appelle-moi, témoigne Bryant. Il est comme mon grand frère. Je déteste ces discussions sur qui gagnerait entre lui et moi si on s'affrontait. J'ai envie de répondre : "Hey ! Ce que vous avez eu de moi, je l'ai eu de lui. Sans lui, je ne gagne pas cinq titres." » Bien sûr, les deux clones de l'affiche du All-Star Game n'ont jamais été totalement des copies carbone. « Kobe voulait tout savoir », a constaté Tim Grover, préparateur physique personnel des deux mâles alpha. « Pourquoi cet exercice ? Pourquoi tant de répétitions ? Pourquoi ci ? Pourquoi ça ? Pourquoi ? Pourquoi ? Michael, c'était plutôt : "Je t'ai engagé pour un job. Dis-moi quoi faire pour arriver au résultat." »

En 2002, Michael Jordan est sur le déclin à Washington, Bryant au sommet, sur le chemin d'un troisième sacre de suite.

Après les matches entre leurs équipes, Bryant répondait aux journalistes puis faisait le pied de grue devant le vestiaire de Chicago pour parler à son idole.

Dans *Eleven Rings*, Phil Jackson se montre critique. En vrac, il décrit Bryant comme un shooteur moins efficace, un défenseur moins intimidant, un être moins sociable, et surtout un leader plus imparfait, moins charismatique que son aîné. Avant, au final, de reconnaître qu'il restait néanmoins le seul à pouvoir soutenir la comparaison.

Dès 1996, l'arrière des Lakers profite de chaque match entre Lakers et Bulls pour attendre Jordan à la sortie du tunnel et, quitte à faire patienter le bus des siens plus d'une heure, l'inonder de questions avant de repartir. « Tu ne peux rien apprendre si tu ne demandes pas, expliquait Bryant dans « The Last Dance ». Beaucoup de joueurs étaient intimidés, l'appelaient Black Jesus... Pas moi. »

Si Bryant ne conquerra jamais la sixième bague qui en aurait fait l'égal de Jordan, il a en revanche « tué le père » en lui chipant, le 15 décembre 2014, sa place au classement des meilleurs marqueurs (derrière Kareem Abdul-Jabbar, Karl Malone et LeBron James). Un temps intriguée, voire agacée, la légende des Bulls finit par se prendre d'affection, à se reconnaître dans Bryant. Lors de la cérémonie organisée au Staples Center après le drame, le 24 février 2020, en pleurs, il l'exprimait ainsi : « Il était comme mon petit frère. Et plus je l'ai connu, plus j'ai voulu être le meilleur grand frère possible. Tout le monde voulait comparer Jordan et Kobe. Je voulais juste parler de Kobe... On a tous des frères et sœurs qui viennent dans votre placard, trifouiller vos affaires. C'était une nuisance – si je peux employer ce terme –, mais une nuisance qui s'est changée en amour. Il m'appelait, m'écrivait à 23h30, 2h30 ou 3 heures du matin, pour parler de jeu dos au panier, d'appuis ou de l'attaque en triangle. Sa passion n'avait pas de limite. Quand il est mort, une partie de moi est morte avec lui. » Hommage déchirant qui éclaire un peu plus encore le lien indéfectible et éternel qui les unissait.

« BEAUCOUP DE JOUEURS ÉTAIENT INTIMIDÉS, L'APPELAIENT BLACK JESUS... PAS MOI.

Kobe Bryant

Le duel en stats

M. Jordan		K. Bryant
6	Titres	5
6	MVP des finales	2
5	MVP de la saison	1
10	Meilleur scoreur de la saison *	2
14	Participations au All-Star Game	18
10	Meilleur cinq	11
9	Meilleur cinq défensif	9

***Michael Jordan :** record sur une saison, 37,1 points
Kobe Bryant : record sur une saison, 35,4 points

M. Jordan		K. Bryant
30,1	Points	25
49,7 %	Tir	44,7
6,2	Rebonds	5,2
5,3	Passes décisives	4,7
2,3	Interceptions par match	1,4

LE TÉMOIN

ANDREW BERNSTEIN

« IL NE ME LÂCHAIT PAS LA MAIN. »

Andrew Bernstein, photographe référence de la NBA depuis quarante ans, raconte sa rencontre avec Kobe Bryant, avec qui il a cosigné en 2018 le livre *Mamba Mentality*.

« Deux des piliers de la "*Mamba Mentality*" sont la curiosité et l'obsession. Si vous n'avez pas ça, vous ne parlez pas le même langage que Kobe. Il débarque en NBA en 1996, vient d'avoir 18 ans. C'est le media day. Je suis le photographe officiel des Lakers, alors je tire le portrait à tout le monde. Je vais me présenter. Je lui tends la main et lui dis : "Je suis Andrew Bernstein". Il me fixait droit dans les yeux et ne me lâchait pas la main. "Je sais qui tu es...", dit-il. Je réponds que c'est peu probable. "Si, si, j'avais des posters de toi dans ma chambre, gamin." En Italie, Kobe était déjà assez obsédé par le jeu pour disséquer le moindre recoin de chaque document en sa possession, vidéo, magazine, poster. Parce que, pour aller trouver un "crédit photo", il fallait un microscope (il rit.). Dès cet instant, j'ai su qu'il était différent. Sa mort a été un choc profond. Je n'arrive pas à appréhender que je ne le reverrai plus. Quand les matches ont repris au Staples Center, c'était dur de m'asseoir à mon spot habituel. Car de là, ses deux maillots retirés, suspendus dans les hauteurs, me scrutent. Je ne vois pas qui d'autre, à part peut-être Mohamed Ali, transcendait le sport comme lui. Son absence laisse un vide abyssal. »

Photographe star de la NBA depuis le début des années 1980, Andrew Bernstein a noué un rapport privilégié avec Kobe Bryant, avec qui il a réalisé l'ouvrage Mamba Mentality.

MYTHIQUE ÉTHIQUE

INÉGALÉE, L'ÉTHIQUE DE TRAVAIL DE KOBE BRYANT A DONNÉ LIEU À UN NOMBRE INCALCULABLE D'ANECDOTES SAVOUREUSES. EN VOICI UNE SÉLECTION.

KOBE, IVERSON ET LES REQUINS BLANCS

Humilié par Allen Iverson (41 points, 10 passes) le 19 mars 1999, Kobe Bryant fixe son obsession sur l'arrière des Sixers. Livres, matches, articles : il ingurgite tout ce qu'il peut dénicher pour trouver la réponse à « The Answer ». Il raconte au site Players Tribune en 2017 qu'il finit même par étudier la manière dont les requins blancs chassent les phoques sur les côtes sud-africaines pour comprendre comment l'appréhender. Le 20 février 2000, à Philadelphie, il tient son adversaire à 16 points, aucun marqué après la pause. L'été 2013, alors qu'il se remet de sa rupture du tendon d'Achille, Bryant se rendra carrément sur l'île volcanique mexicaine de Guadalupe pour nager avec des requins blancs, au Mexique. Ses pieds trop grands pour les bottes de protection, il plongera dans les profondeurs ses Nike aux pieds. Après sa disparition, l'Institut de conservation marine a nommé l'un de ses requins Kobe Bryant.

> **JE SUIS RESTÉ PLANTÉ 10 SECONDES ET JE ME SUIS DIT : CE GAMIN A VRAIMENT QUELQUE CHOSE.**
>
> ***Byron Scott, coach des Lakers de 2014 à 2016***

PAS PEUR DU NOIR

À son arrivée à Los Angeles, le seul joueur avec qui il se lie d'amitié est Byron Scott, vétéran aux trois bagues de champion époque Showtime, qui comprend vite à qui il a affaire. « Comme j'étais vieux, j'arrivais tôt faire des soins au Forum. À 9h30, toutes les lumières sont encore éteintes. Pourtant, une balle rebondissait sur le parquet. Il était là à shooter dans le noir. Je suis resté planté 10 secondes et je me suis dit : ce gamin a vraiment quelque chose. » Scott accompagnera la sortie de Bryant, coach des Lakers de 2014 à 2016.

RENDEZ-VOUS À 3 HEURES

En 2007, OJ Mayo, top lycéen de sa génération, participe à l'académie de Kobe Bryant. Il lui demande de s'entraîner avec lui. L'arrière des Lakers accepte, le prévenant qu'il passera le chercher à 3 heures. Il ne viendra jamais. Le lendemain, Mayo demande des comptes à Bryant. Réponse : « 3 heures du matin ! Pas de l'après-midi, OJ... »

DES UN-CONTRE-UN EN 100 POINTS

Les histoires contant un Bryant se levant aux aurores pour s'entraîner à 4 ou 5 heures du matin remontent à ses années lycée à Lower Merion. Dans sa biographie *Showboat*, on apprend aussi qu'après les entraînements, il défiait ses coéquipiers dans d'interminables séances de un-contre-un en 100 points. Lors desquelles il dit n'avoir jamais encaissé plus de 12 points. Il défiait ses coéquipiers dans d'interminables séances de un-contre-un en 100 points.

Lors des étés avec Team USA, Bryant a suscité l'admiration de ses pairs, et lancé la tradition d'entraînements matinaux qui pouvaient débuter à 5 heures du matin.

SES 60 KM DANS LE DÉSERT

La veille du début du camp d'entraînement de Team USA à Las Vegas pour les JO 2012 de Londres, il demande à son préparateur Tim Grover d'introduire le vélo dans sa routine. Résultat : une sortie de 60 kilomètres dans le désert achevée à 2 heures du matin à la lumière de lampes frontales, finalement rapportée à ESPN par Blake Griffin, qui a dû se faire confirmer l'histoire pour y croire.

AU LYCÉE, APRÈS LES ENTRAÎNEMENTS, IL DÉFIAIT SES COÉQUIPIERS DANS D'INTERMINABLES SÉANCES DE UN-CONTRE-UN EN 100 POINTS.

MOST
VALUABLE
PLAYER
34

KOBE & SHAQ FRÈRES ENNEMIS

ILS ONT SIGNÉ ENSEMBLE LE DERNIER TRIPLÉ DE L'HISTOIRE DE LA NBA. LE DÉBAT EXISTE MAIS LEUR DUO EST PEUT-ÊTRE LE PLUS FANTASTIQUE JAMAIS ASSEMBLÉ. AUSSI COMPLÉMENTAIRE SUR LE PARQUET QU'IRRÉCONCILIABLE EN DEHORS. L'HISTOIRE FASCINANTE DE DEUX FRÈRES QUI SE SONT AIMÉS ET DÉTESTÉS.

« J'entends cette interview et je suis au bord de l'explosion. J'ai dit aux gars : je vais le tuer. » Soirée du 28 octobre 2003 à Los Angeles, Shaquille O'Neal atteint le point de non-retour avec Kobe Bryant. Le pivot des Lakers, le joueur le plus dominant physiquement de l'histoire de la NBA, un monstre de 150 kilos, capable d'accès de violence terribles, est sérieux. Et donc dangereux. Élevé à la dure par le sergent Harrison, le compagnon de sa mère que O'Neal considérait comme son père, Shaquille est un clown qui préfère gagner le cœur des gens en les faisant rire mais qui n'hésite jamais à s'imposer par la force brute. L'anecdote suivante est tirée de son autobiographie, *Sans filtre*.

J'ENTENDS CETTE INTERVIEW ET JE SUIS AU BORD DE L'EXPLOSION. J'AI DIT AUX GARS : JE VAIS LE TUER.

Shaquille O'Neal

DANS L'ENTOURAGE DU COLOSSE ET DES LAKERS, L'ALERTE ROUGE EST DÉCLENCHÉE.

Les deux stars se verront le lendemain matin à l'entraînement. Le garde du corps de Shaq anticipe et se pointe chez lui pour passer le prendre plus tôt que d'habitude mais O'Neal a un coup d'avance et a déjà quitté son domicile. Phil Jackson, le coach des Lakers et Mitch Kupchak, le manager général ont rappelé Brian Shaw, ancien joueur du triplé 2000, 2001 et 2002, leader de vestiaire respecté par Shaq et Kobe. O'Neal est intercepté à son arrivée et confiné en salle vidéo. Shaw tente de le raisonner. Karl Malone, Horace Grant sont également là en renfort prêts à contenir – si tant est que ce soit possible – l'ouragan. Kobe arrive. Shaw le prévient. « Il va te tuer, te défoncer. » Kobe lui répond dans

Kobe et Shaq ont remporté trois titres d'affilée entre 2000 et 2002, trois trophées de MVP des Finals pour O'Neal. Et pourtant, ces deux-là se sont livré une guerre sans merci.

Kobe, qui rendait 50 kilos au monstre Shaq, n'a pourtant jamais reculé physiquement devant son coéquipier.

un rictus : « Oooh, je suis censé avoir peur ? » Pause. Que s'est-il passé ? Comment en est-on arrivé là ? Les Lakers de Kobe et Shaq n'ont jamais navigué sur une mer plate. Mais ils ont réalisé le triplé en 2000, 2001, 2002. En 2003, ils s'inclinent en demi-finale de conférence face à des Spurs irrésistibles qui deviendront champions. Avant le début de la saison 2003-04, les tensions sont grandes. Shaq attend son nouveau contrat. Depuis juillet, Kobe est dans la tourmente de l'accusation de viol dont il fait l'objet. Chacun passe ses nerfs sur l'autre. Karl Malone et Gary Payton ont accepté de rejoindre les Lakers au salaire minimum contre la promesse d'une bague. L'équipe est une poudrière. La veille, Phil Jackson et les dirigeants des Lakers convoquent les deux stars pour mettre un terme définitif à leurs joutes verbales par médias interposés qui pourrissent le vestiaire. Shaq accepte. Est-ce que Kobe a accepté aussi ?

Les Lakers ont signé le dernier triplé en date en NBA.

Lakers 2001, meilleure équipe de l'histoire ?

« En 2001, nous sommes la meilleure équipe de l'histoire », a déclaré Shaq en 2017. Sur la saison régulière, c'est très discutable. LA n'a remporté « que » 56 matches. Mais une fois en playoffs, cette équipe est injouable. 3-0 au premier tour contre Portland puis 4-0 contre les Kings puis les Spurs et enfin 4-1 face aux Sixers aux Finals. Kobe est presque l'égal de Shaq sur cette fin de saison, leurs relations ne sont pas encore trop tendues et ils écrasent la concurrence. Dans l'histoire de la NBA, seulement trois équipes n'ont réussi à perdre qu'un seul match sur une campagne de playoffs : les Philadelphia Sixers de 1983 (12v-1d), les Lakers de 2001 (15v-1d) et les Warriors de 2017 (16v-1d). Alors ces Lakers sont-ils les meilleurs ? Magic Johnson lui-même estime que les Bulls de Jordan n'avaient personne pour contenir Shaq à l'intérieur. Et qu'en pensent les Warriors de 2016 à 2018 ?

« SHAQ ? ÉGOÏSTE, JALOUX ET GRAS ! »

Quelques heures plus tard, il donne une interview exclusive à Jim Gray sur ESPN. « Shaq ? Un gamin égoïste et jaloux. Gras, hors de forme. C'est ton équipe ? Agis en conséquence. Il n'est pas mon grand frère. » « J'étais fou », concède Kobe lors d'un face-à-face de 40 minutes avec Shaq, filmé par TNT pour l'émission « Players Only » en février 2018. « Je n'ai jamais été aussi fou. En conduisant pour me rendre à l'entraînement, je me disais : on va se battre, ça va être énorme. J'avais conscience de ce que j'avais dit, j'étais prêt à assumer les conséquences. »

Il n'en a pas toujours été ainsi. Les deux hommes se croisent pour la première fois en 1994. O'Neal est alors le pivot d'Orlando et le Magic reçoit les Pacers en playoffs. À la fin de la rencontre, Kobe cherche à prendre une photo avec un de ses modèles du moment, Penny Hardaway, qui ne prend pas le temps de la pause. Le jeune Bryant, 16 ans, tente sa chance avec Shaq qui accepte chaleureusement. Deux ans plus tard, le pivot des Lakers vient de signer un contrat de 120 millions de dollars. Jerry West lui apporte le chèque et le prévient qu'il ramène dans ses bagages de Charlotte un gamin de 18 ans tout juste drafté avec qui il va gagner « trois ou quatre titres ». Kobe débarque à LA et annonce à Shaq qu'il va devenir le meilleur joueur de l'histoire, meilleur que Jordan.

Shaq sourit. Il saisit vite le talent de l'adolescent. Les deux hommes sont très différents. Sur le papier, leur complémentarité basket est parfaite. Un intérieur ultradominant, une force physique brute qui détruit la peinture adverse et ancre le dispositif défensif. Un extérieur au registre technique étendu et parfait, scoreur, tueur et défenseur féroce. Leurs personnalités sont toutefois diamétralement opposées. Shaq est un pitre. Comme tous ceux qui cherchent l'approbation de tous, il manque paradoxalement

Le feuilleton de leurs affrontements après 2004 a été le meilleur show de la NBA pendant plusieurs saisons.

PUT… J'ÉTAIS UN GAMIN DÉBILE. LE PLUS IMPORTANT AURAIT ÉTÉ QUE JE LA FERME. ON N'ÉTAIT PAS D'ACCORD, ON SE DISPUTAIT. MAIS ON AURAIT PU S'ÉPARGNER DE FAIRE ÇA DANS LES MÉDIAS. ON AURAIT DÛ GARDER ÇA ENTRE NOUS.

Kobe Bryant en 2015

de confiance en lui. Il est susceptible. Sa domination absolue lui permet de tout prendre à la légère – entraînement, consignes, diététique. Cette joie de vivre, cette bonhomie, cette aisance font que tout le monde l'adore. Kobe est un solitaire perfectionniste d'une ambition et d'une confiance à toute épreuve.

RESPECT PUIS CLASH

Malgré ce fossé, Shaq prend le gamin sous son aile. Au Game 5 de la demi-finale de conférence 1997 contre Utah, Bryant balance quatre airballs en 5 minutes, sur les dernières secondes du match et la prolongation, alors que le score est serré. Les Lakers perdent et O'Neal est le premier à le prendre par les épaules pour lui parler et le réconforter. « Tout le monde se moque de toi mais un jour, les gens auront peur de toi à la fin des matches. » Shaq révèle en 2018 les mots glissés sur le moment.

Au-delà de ce respect rapide, le clash des ego se profile irrémédiablement. Deux hommes fiers qui ne fuient jamais la confrontation. Autre ingrédient. O'Neal est sous pression. Il lui faut un titre pour asseoir sa domination, pour faire taire les critiques qui lui refusent l'accès aux clubs fermés des meilleurs intérieurs de l'histoire. Il le vit mal.

« Je crois que je me rappelle la première fois qu'on s'est battus », lâche Kobe dans un sourire lors de son face-à-face avec Shaq en 2018. « On était à SouthWest College, c'était la saison du lock-out (1998-99), on faisait un cinq contre cinq informel, chacun dans une équipe. Ça chambrait vraiment. Beaucoup. » L'escalade se termine par le titan qui se jette poing en avant sur Bryant qui esquive et attrape le monstre pour rester au contact. Leurs coéquipiers se jettent dans la mêlée pour les séparer.

« ON ALLAIT Y ARRIVER »

« Et là, j'ai compris, reprend Kobe. Il le veut vraiment. Ça l'affecte, ça le touche, ça le ronge. À partir de ce moment, j'ai su qu'on parlait la même langue. On avait nos désaccords, mais on partageait la même envie, le même moteur : on doit gagner. Il n'y a pas d'autre option. Je savais qu'on allait trouver la solution, qu'on allait y arriver. » Un an plus tard, les Lakers sont sur le toit du monde. Ils ont écarté 4-2 Indiana aux Finals. O'Neal est immense et MVP des Finals (38,0 pts, à 61,1 % aux tirs 16,7 rbds). Sur le Game 4 à Indiana, limité encore une fois par les fautes, Shaq est sur le banc au cours d'une fin de match serré. Cette fois, Bryant qui est passé au travers sur certains matches depuis le début des playoffs, assure (28 pts à 14/27 aux tirs). Les Lakers s'envolent 3-1. Kobe est alors clairement le fidèle lieutenant (15,6 pts à 36,7 % sur la finale) de celui qu'il appelle, trophée en main dans les vestiaires « le joueur le plus dominant de la planète ».

Ce premier titre était censé mettre fin à toutes les tensions. Ce sera le contraire. L'approche si différente des deux hommes va devenir un gouffre béant. « La plupart du temps, je me pointais à la reprise sans être prêt à jouer », a admis Shaq face à Kobe en 2018. « Grâce à toi, je pouvais me la couler douce l'été. Je rentrais chez moi en Floride, je nageais, je sirotais des pina colada, je bouffais des burgers, je savais que j'avais un gamin dans l'équipe qui pouvait en coller 40 quand il le voulait. » « Et c'est ça qui me faisait chier ! tranche Kobe. Moi, je me cassais le cul au gymnase 10 heures par jour. » Bryant prend alors la place, grandit, évolue en joueur de premier plan, capable de mener l'équipe. « Le problème pour Phil (Jackson), c'est quand tu

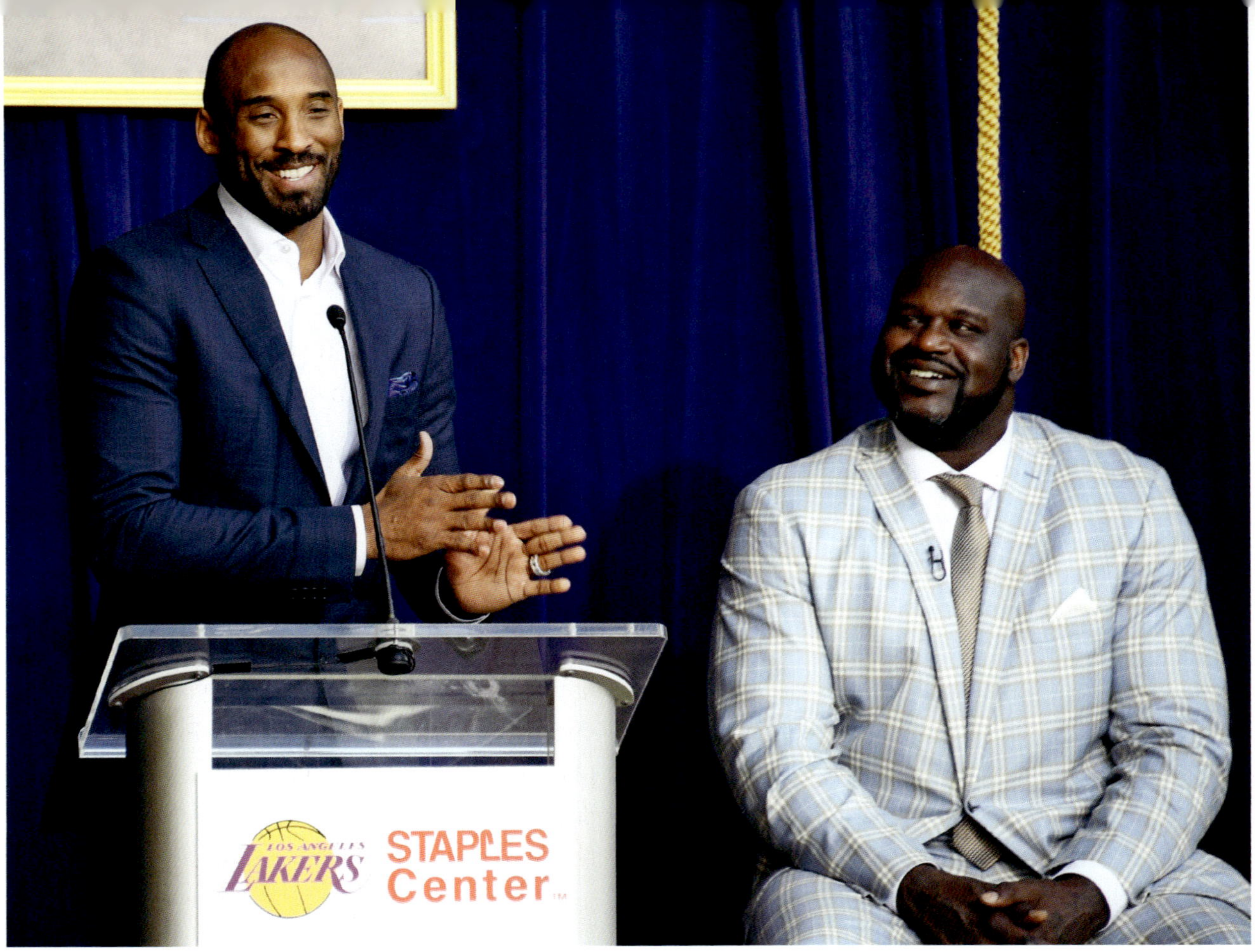

À partir de 2009, le réchauffement des relations est réel, la complicité retrouvée et les tensions apaisées.

revenais en forme au fur et à mesure de la saison, après il fallait gérer ça. Moi, je voulais continuer à en mettre 40. Je ne voulais pas prendre de recul. Pas moyen. » Alors les tensions s'évacuent par voie de presse. O'Neal et Bryant s'échangent des piques, O'Neal boude, fait courir des rumeurs de demande de transfert, Bryant réagit mal. « C'est puéril », tacle alors le coach Phil Jackson lors de la saison 2001-2002. « Des trucs de bac à sable. Tu as pris mon camion et je veux que tu me le rendes sinon, je vais te jeter du sable à la figure. »

MALGRÉ TOUT, UN TRIPLÉ HISTORIQUE

Ces chamailleries ne les empêchent pas de faire le triplé en 2001 et 2002. Sur toute la campagne de playoffs 2001, les Lakers ne perdent qu'un seul match, aux Finals face aux Sixers d'Allen Iverson.

Bryant est en train de devenir à son tour une superstar même si O'Neal reste irrésistible. En 2002 Sacramento mène 3-2 en finale de conférence ouest et sans un tir miraculeux de Robert Horry en toute fin de match, après un ballon boxé dans sa direction par Vlade Divac, l'histoire se serait arrêtée là. Mais Shaq et Kobe ont offert à la NBA le dernier triplé en date de son histoire. « Nous étions le duo le plus énigmatique – personne ne nous comprenait –, celui qui a connu le plus de controverses, estime Shaq. Mais au moment de rentrer sur le terrain, nous étions le duo intérieur-extérieur le plus dominant jamais assemblé. »

Seule la victoire permet de maintenir cet attelage d'aplomb. Les défaites de 2003 face aux Spurs et surtout celle de 2004 en finale face aux Pistons sonnent le glas du groupe. Le lendemain matin de l'interview de Kobe avec Jim Gray, Shaq ne se bat finalement pas avec Kobe. La discussion est très tendue mais les deux hommes se serrent finalement la main. Mais la magie a disparu. En finale, face à une défense très agressive et très haute des Pistons, les Lakers tombent dans le piège. Shaq n'a jamais marqué aussi peu en finale avec les Lakers (26,6 pts à 63,1 %) et Bryant arrose copieusement (22,6 pts à 38,1 %). Dans la foulée, Phil Jackson arrête, Shaq est transféré à Miami, les Lakers reconstruisent autour de la plus jeune de leurs deux stars.

« J'aurais aimé que Shaq passe plus de temps à s'entraîner, lâche Kobe le 28 août 2019. Il aurait été le meilleur joueur de tous les temps. Et j'aurai douze putains de bague aujourd'hui. » Kobe aurait-il accepté de rester aux côtés de Shaq si ce dernier avait gagné son respect avec lui sur la piste d'athlétisme ou en salle de muscu ? Avec les années, Shaq aurait-il accepté de confier les clés du camion, en toute sérénité, à son jeune collègue ?

TRASH

Le feuilleton Shaq-Kobe s'est poursuivi ensuite à distance pendant quelques années, offrant à la NBA un duel palpitant mais qui racle parfois le fond des égouts. En septembre 2004, Bryant est tout juste sorti de la plainte déposée contre lui pour viol, contre plusieurs millions de dollars. Le *Los Angeles Times* cite alors un rapport de police du Colorado où Bryant explique aux enquêteurs qu'il aurait dû faire comme Shaq, qui aurait payé selon Kobe plus d'un million de dollars pour que ses conquêtes extra conjugales restent discrètes. Bryant n'a pas du tout digéré que le pivot ne le soutienne pas publiquement lors de cette épreuve.

Le jour de Noël 2004, la NBA a programmé Miami en visite à Los Angeles, Shaq ne décevant pas, ignorant copieusement Bryant. La détente s'amorce en janvier 2007, pour le Martin Luther King Day. Comme un symbole, Shaq vient serrer la main de Kobe. O'Neal a remporté en 2006 son quatrième titre, c'est donc aussi probablement plus facile pour lui de jouer les grands seigneurs tout à coup. « Je voulais que tu en gagnes un quatrième », commente Kobe, toujours dans l'interview conjointe pour ESPN de 2018. « Je voulais que les gens disent : vous voyez ce que les Lakers ont laissé partir ? C'est Kobe qui aurait dû partir ! J'avais besoin de ça ! Je voulais que tout le monde me haïsse. Je voulais me nourrir de ça, avec de la colère et de la vengeance. Le lendemain de ton titre avec Miami, j'étais sur la piste d'athlétisme. »

La réconciliation a vraiment lieu pour le All-Star Game 2009. Shaq a rejoint la conférence ouest et les deux pires amis rejouent pour la première fois au sein d'une même équipe. Les automatismes reviennent et ils seront élus co-MVP du match. Sur le podium, Bryant décide alors de laisser le trophée à Shaq, présent avec son fils Shareef lors de l'événement. Un geste qui touche O'Neal. « Là, je me dis que j'ai peut-être merdé avec toi toutes ces années. Je te dois des excuses. »

KOBE VAINQUEUR 5-4

En 2010, sur le podium à la fin de la finale 2010, Kobe, vainqueur pour la deuxième année consécutive avec les Lakers, est interrogé sur ce que ce cinquième titre représente pour lui. Il n'hésite pas une seconde. « Un de plus que Shaq. » Et pas un mot de plus. « Quand tu as obtenu ta cinquième bague, j'ai détruit ma maison, j'étais furieux, reconnaît plus tard le géant. J'ai dû apprendre à vivre avec ça ! » « Et ça m'apporte tellement de joie ! » répond alors Bryant du tac au tac dans un immense sourire. Au moment où Shaq apprend le décès de Kobe, il est dévasté. Sur le plateau de « NBA on TNT », le 29 janvier, il ne peut contenir ses larmes. « J'ai perdu un frère. » Amour et haine, victoires et défaites, camaraderie et rivalité, rires et pleurs, bagarre et soutien, jalousie et complicité. Toutes celles et ceux qui ont la chance d'avoir un frère ou une sœur, de sang ou de choix, savent bien les sentiments ambivalents qui naissent de ces relations. Ces deux frères ont formé le duo le plus extraordinaire de l'histoire de la NBA.

QUAND TU AS OBTENU TA CINQUIÈME BAGUE, J'AI DÉTRUIT MA MAISON

Shaquille O'Neal à Kobe Bryant

Leurs stats en playoffs les années de titre

Shaq	Kobe
2000 - 30,7 points • 15,4 rebonds • 3,1 passes	2000 - 21,1 points • 4,5 rebonds • 4,4 passes
2001 - 30,4 points • 15,4 rebonds • 3,2 passes	2001 - 29,4 points • 7,3 rebonds • 6,1 passes
2002 - 28,5 points • 12,6 rebonds • 2,8 passes	2002 - 26,8 points • 5,8 rebonds • 4,6 passes

O'NEAL
32
MIAMI

54

PAROLE À LA DÉFENSE

UN DES PLUS FANTASTIQUES SCOREURS DE L'HISTOIRE DU JEU ÉTAIT ÉGALEMENT UN DÉFENSEUR DE TOUT PREMIER PLAN. UN JOUEUR RARE. SA VOLONTÉ DE DOMINER L'ADVERSAIRE NE SE LIMITAIT PAS À UN CÔTÉ DU TERRAIN.

« Il va falloir défendre. Tu ne peux pas me tenir. C'est mort. » Été 2012. Kyrie Irving, fraîchement élu Rookie of the Year en NBA, est invité au camp d'entraînement de la sélection américaine en préparation pour les Jeux de Londres. Il vient de briller dans le match d'entraînement face aux stars. Il a pris la confiance. Il approche le joueur qu'il a idolâtré en grandissant. Il veut le provoquer en un-contre-un. Kobe Bryant affirme n'avoir jamais perdu en face-à-face. Irving insiste. Le vétéran, 34 ans, sourit. C'est le genre d'attitude qu'il adoptait au même âge. Le gamin propose même de jouer pour 50 000 dollars. « Fils, tu as perdu la tête », se contente de dire Bryant. Au final, les deux joueurs se chambrent gentiment et prennent un rendez-vous informel pour l'été suivant. Le 11 décembre 2012, quelques mois après, les Lakers reçoivent les Cavaliers de Kyrie Irving.

Sur ce match, à chaque fois que Bryant s'est retrouvé défendu par Irving, il a marqué, prenant presque toujours des fade-away face à ce défenseur plus petit. Il a terminé avec 42 points. Irving a livré un très bon match, 28 points et 11 passes, mais n'a pas su marquer le moindre panier quand il était défendu par Bryant. Pire, au milieu du troisième quart-temps, les deux hommes se retrouvent face à face. Le Cav revient au centre du terrain, balle en main. Il a un boulevard pour jouer Kobe en un-contre-un. L'excitation monte dans les tribunes. Sur dix-huit dribbles et de multiples changements de direction, le Laker reste dans le short du gamin, ne mord pas à la feinte et finit par contrer le tir à 3 mètres de Irving de façon très autoritaire. Message passé. La réputation – justifiée – de scoreur fantastique, parfois jusqu'à l'excès, a pu faire oublier le formidable défenseur qu'était Kobe. Il avait toutes les qualités. La rapidité des appuis. Des mains actives. De longs bras. Une lecture du jeu et des situations. Un instinct fort. Une connaissance parfaite des habitudes de ses adversaires. Le courage physique. La puissance du haut du corps. Et surtout la volonté de dominer. L'envie d'éteindre, de détruire.

LA RAPIDITÉ DES APPUIS. DES MAINS ACTIVES. DE LONGS BRAS.

Kobe Bryant a donné du fil à retordre à tous les attaquants de NBA. Même à LeBron James à son sommet dans ses années à Miami.

Michael Jordan, Gary Payton, Kevin Garnett, Kobe Bryant. Dans toute l'histoire de la NBA, seuls quatre joueurs ont figuré neuf fois dans le meilleur cinq défensif de la ligue. Tous des tempéraments en titane. Des méchants. Des durs. Des salopards. Bryant est toutefois le seul de ce club très fermé à n'avoir jamais remporté le trophée de meilleur défenseur de la saison. Si on ajoute ses nominations dans le deuxième meilleur cinq défensif de la ligue, cela représente en tout douze apparitions, un chiffre que seul Tim Duncan dépasse avec quinze sélections (8 First Team, 7 Second Team). De 2000, saison de son premier titre, à 2012, il a su maintenir une longévité exceptionnelle de performance des deux côtés du terrain. Ces profils-là se comptent sur les doigts d'une main dans l'histoire de la NBA.

« LE PLUS CORIACE À DÉFENDRE ? KEVIN DURANT. C'EST LE SEUL FACE À QUI JE N'AI PAS TROUVÉ UNE SOLUTION AVANT MA RETRAITE ».

Kobe Bryant en décembre 2018

Palmarès défensif

Meilleur cinq défensif NBA
2000, 2003, 2004, 2006, 2007, 2008, 2009, 2010, 2011

Deuxième cinq défensif NBA
2001, 2002, 2012

Très fort sur les déplacements latéraux, Bryant était également capable d'intervenir au contre en dernier rideau, ici face à Rajon Rondo des Celtics.

SPALDING
LAKERS
24
RONDO
9

2004-2007 : SEUL

LA NAISSANCE DU BLACK MAMBA

AU CŒUR DE LA PÉRIODE LA PLUS DIFFICILE DE SA VIE, KOBE BRYANT S'EST INVENTÉ UN SURNOM ET UN ALTER EGO, CHOISISSANT LE REPTILE LE PLUS VENIMEUX DE LA PLANÈTE COMME SYMBOLE. UNE NAISSANCE DANS LA DOULEUR.

« La mentalité "Mamba", c'est une manière de vivre, explique Kobe Bryant en 2017. Ce n'est pas une attitude en soi, c'est une façon de vivre qui consiste à essayer d'être meilleur chaque jour, quels que soient son objectif ou son activité. » Au moment de cette déclaration, un an après sa retraite et une tournée d'adieux extraordinaire, la cote de Kobe est au plus haut. Sa parole et ses conseils sont recherchés, il désigne les héritiers – Kyrie Irving, Giannis Antetokounmpo mais aussi sa fille Gianna – qui lui semblent dignes de ses légendaires qualités mentales, esprit de compétition et éthique de travail. Tel un vieux sage ayant atteint l'illumination, il travaille à la transmission d'une philosophie lumineuse.

Comme si, au fil du temps, la souffrance, le venin et les larmes avaient disparu d'un concept devenu uniquement positif. Pourtant, quand Kobe Bryant a décidé de devenir le Black Mamba, le serpent le plus mortel d'Afrique, rendu célèbre par le film *Kill Bill* – sorti en 2003 –, le contexte et la narration autour de cet animal totem sont très différents.

LA MENTALITÉ « MAMBA », C'EST UNE MANIÈRE DE VIVRE.

ACCUSÉ DE VIOL DANS LE COLORADO

Le 30 juin 2003, Bryant s'enregistre à la réception de l'hôtel Cordillera Lodge and Spa, dans la ville d'Edwards. Il a alors 25 ans, il est marié depuis 2001 à Vanessa Laine, qui a donné naissance à leur première fille en janvier 2003. Le joueur des Lakers se rend dans l'État du Colorado pour se faire opérer du genou dans une clinique réputée de la ville de Vail. Une employée de l'établissement, une jeune femme de 19 ans, accueille et accompagne la star des Lakers jusqu'à sa chambre. Bryant lui demande alors de revenir un peu plus tard pour lui faire visiter les lieux.

Ce qu'elle fait, à la suite de quoi Bryant l'invite à le rejoindre dans sa suite. Puis, les deux protagonistes conviennent du fait qu'ils se sont alors embrassés. Le cœur de leur désaccord renvoie à ce qu'il s'est passé dans les minutes suivantes. La jeune femme a dit à la police que Brant l'avait violée. Bryant nie dans un premier temps la relation sexuelle avant d'affirmer qu'elle était consentie.

Au final, il n'y aura pas de procès, pas de verdict.

| Kobe Bryant, accusé de viol en 2004, la pire période de sa vie.

Il décide de devenir le méchant sur le terrain pour faire oublier qu'il était le méchant sur le banc des accusés en civil.

Les avocats des deux parties ont trouvé un accord en 2005 – la somme de 2 millions et demi de dollars est évoquée par le *LA Times* – et la jeune fille a refusé de témoigner.
« Même si je crois sincèrement que ce rapport entre nous était consenti, je reconnais qu'elle n'a pas vu et ne voit toujours pas cet incident de la même manière que moi. » Voici la seule déclaration de Kobe Bryant sur l'épisode le plus controversé de sa vie. Un drame qui va changer sa vie et sa carrière.

Dès son interpellation publique en 2003, l'image de la star des Lakers qui est jusque-là lisse et impeccable – celle d'un jeune père de famille ambitieux, sérieux, qui dédie sa vie à son art – vole en éclat. De gros annonceurs – McDo, Coca, Nutella – prennent leurs distances. Au-delà des déclarations de façade des Lakers et la NBA, le milieu du basket se fait très discret. Kobe est un pestiféré et même Shaquille O'Neal ne le soutient pas publiquement. Bryant lui en voudra longtemps d'ailleurs.

UN ALTER EGO POUR PASSER À AUTRE CHOSE

C'est à ce moment précis que naît le concept de Black Mamba. La naissance de cet alter ego sert plusieurs objectifs. Tout d'abord, cela permet d'attirer l'attention des médias sur une nouvelle histoire, sur un nouveau personnage. Kobe n'est plus le gentil du film de sa vie. Il choisit d'embrasser pleinement un personnage de grand méchant.

IL CHOISIT D'EMBRASSER PLEINEMENT UN PERSONNAGE DE GRAND MÉCHANT.

« Il fallait que je trouve une solution pour faire face à tout ça », a expliqué Bryant au *Washington Post* en 2018 à propos de ce surnom. « Je n'allais pas rester passif et laisser cette chose m'avaler complètement. Au cours de cette situation dans le Colorado, je me suis dit : tu sais quoi, je vais simplement être moi-même. Je vais dire la vérité maintenant. Aimez-moi ou détestez-moi pour ce que je suis vraiment. » Ce processus est devenu depuis un mouvement classique de la part des basketteurs dans la tourmente. LeBron James, suite à sa décision de rejoindre Miami en 2010, puis Kevin Durant au moment de rallier les Warriors en 2016 ont repris le processus expérimenté par Bryant en 2003 en assumant le rôle de méchant qui leur était assigné par l'opinion publique.

Pour Bryant, l'affaire a été toutefois beaucoup plus compliquée. Déjà, parce que ce qui lui a été reproché était autrement plus grave qu'un choix de franchise. Ensuite, parce qu'il a été la première superstar NBA de l'ère moderne à connaître une telle situation. LeBron et Durant, en marchant dans ses pas, savaient que le rachat, le pardon et l'oubli viendraient en chemin, à condition toutefois d'enchaîner les exploits et les victoires. Ainsi vont l'opinion publique américaine et la puissance du marketing de sociétés gigantesques.

LE TUEUR DE SANG-FROID

Si Bryant a réussi à détourner l'attention et retourner le stigmate grâce à l'image du Black Mamba, c'est évidemment en raison de ses performances sur le terrain, sa longévité, sa capacité à dépasser ses blessures. Mais aussi parce que l'image a été particulièrement bien choisie. En 2003, cette association au reptile tueur est acceptée car elle colle à l'actualité, à la place qui lui est alors attribuée dans la société : Bryant apparaît comme un prédateur à sang-froid, isolé, dangereux, venimeux. Elle correspond aussi à l'image qui est renvoyée par Bryant dans le milieu du basket. Un soliste génial mais isolé. Un leader qui manque d'empathie, incapable de se mettre à la place de l'autre – assertion qui rappelle cruellement l'affaire du Colorado. Un loup solitaire coupé de ses coéquipiers, enfermé dans sa tête comme dans son propre vestiaire. En 2001, Kobe épouse Vanessa sans inviter ses coéquipiers aux Lakers. Un an plus tard, invité au mariage de Shaquille et Shaunie O'Neal, il ne s'y rend pas. Même avec la sélection américaine, Kobe garde ses distances avec des coéquipiers qui au contraire profitent de ces rassemblements pour développer une camaraderie rare dans les sphères des superstars NBA.

Mais cette métaphore porte également en elle l'acceptation positive que Bryant va cultiver et mériter sur le terrain : le tueur, le compétiteur, le roi de la jungle, le meilleur. Le reptile permet de réconcilier ces deux images et les années d'excellence vont ensuite permettre à Bryant de faire complètement oublier le méchant, laissant la place à l'acceptation positive du Black Mamba. À tel point qu'à la fin de sa carrière, lors de son engagement auprès de sa fille Gianna et de tout le basket féminin en général, le Mamba va devenir un marqueur de militantisme en faveur du sport féminin, bien loin des racines du concept.

La vie et le parcours d'un individu sont souvent complexes et contrastés. Rien ne sert de vouloir les simplifier pour vouloir les faire rentrer dans une case facile à vendre. Le Black Mamba abrite une face sombre et une face lumineuse.

LAKERS
8

LE SOLISTE

CETTE PARTIE DE LA CARRIÈRE DE KOBE EST PARTICULIÈREMENT CONTROVERSÉE. ELLE LUI A PERMIS DE REPOUSSER LES LIMITES INDIVIDUELLES DE SON TALENT OFFENSIF UNIQUE MAIS AU PRIX D'UN ISOLEMENT COUPABLE DANS UN SPORT COLLECTIF. UNE PÉRIODE D'EXPLOITS ET D'EXCÈS.

« Bande de connards. Vous ne jouez pas dans la même cour que moi. Vous êtes de la merde. » Sur ces mots, Kobe Bryant quitte le vestiaire des Lakers et ses coéquipiers, raconte Roland Lazenby dans son livre *Showboat*. Fin de saison 2004-05. Une nouvelle série de défaites a eu raison de toute diplomatie. La dernière fine pellicule de vernis est tombée. Bryant était attendu au tournant pour cette première saison du nouveau chapitre de sa carrière en tant que patron incontesté de l'équipe. Le résultat est très décevant et la frustration immense. Depuis 1976, les Lakers restent sur vingt-sept participations aux playoffs en vingt-huit saisons. Sans Shaq ni Phil Jackson, l'équipe n'a remporté que 34 rencontres et n'est pas qualifiée. En cours de saison, coach Jackson a sorti un bouquin, *The Last Season*, où il affirme que Kobe est « incoachable ». D'ailleurs, en février, le nouveau coach des Lakers, Rudy Tomjanovich, épuisé, jette l'éponge pour des questions de santé.

Kobe disparaît des All-NBA Defensive Teams et est relégué dans le troisième meilleur cinq de la ligue. Il a alors 27 ans. Il est censé arriver dans ses meilleures saisons mais il vient de connaître une année horrible par rapport à son ambition. Après l'échec collectif de 2004, il vit cette fois l'échec individuel. On dit qu'il faut toucher le fond pour mieux remonter. Bryant a devant lui le plus long été de sa carrière. Et il est seul. Il a fait le ménage dans sa franchise. L'accusation de viol a fait le tri dans ses relations.

BANDE DE CONNARDS. VOUS NE JOUEZ PAS DANS LA MÊME COUR QUE MOI. VOUS ÊTES DE LA MERDE.

Kobe Bryant

| Bryant décide sur cette période de lâcher la bride à son insatiable appétit offensif. Quitte à transformer le basket en sport individuel.

Il a même coupé les ponts avec ses parents quand sa mère, qui n'avait pas approuvé son mariage en 2001, a estimé que la maison que Kobe voulait lui offrir n'était pas assez belle. Ces échecs et cette solitude ouvrent la voie à une expérimentation d'un nouveau genre. Une révolution se prépare. Kobe va laisser totalement libre cours, sans aucun frein de quelque nature que ce soit, à son appétit insatiable.

KOBE PLEINE VITESSE

Le solo offensif le plus hallucinant depuis près de vingt ans est en marche. Le 20 décembre 2005, contre une bonne équipe de Dallas, Kobe claque 62 points en trois quarts-temps seulement (32 minutes pour lui). Les Mavs, dans le même temps, n'en ont marqué que 61 ! Depuis l'instauration de la règle des 24 secondes par possession, ce n'était jamais arrivé qu'un seul joueur marque plus que toute une équipe sur trois quart-temps. Une performance historique ? Un échauffement en réalité.

Un mois plus tard, le 22 janvier 2006, les Lakers reçoivent Toronto à domicile. Les locaux ne sont pas dans le rythme. Perturbé par la défense de zone des Raptors, LA manque de rythme en attaque et ne parvient pas à arrêter Chris Bosh en défense. Moins quatorze à la mi-temps et l'écart grimpe à dix-huit longueurs dans le troisième quart. Face à l'apathie de ses coéquipiers, Bryant – qui a pourtant expliqué souffrir sur le moment d'un petit morceau de cartilage déplacé dans le genou – prend les choses en main. 55 points marqués en deuxième mi-temps. Un festival d'agressivité offensive. Une succession de tirs extérieurs pris face à tous les dispositifs défensifs imaginables. Un-contre-un. Avant l'arrivée de la prise à deux. Face à un défenseur strict et quatre autres défenseurs en zone pourtant focalisés sur lui. Le spectacle est extraordinaire.

Le chiffre

66

Il s'agit du pourcentage des points marqués de son équipe par Kobe le 22 janvier 2006 (81/122). À titre de comparaison, quand Wilt Chamberlain marque 100 des 169 points de son équipe, cela ne représente donc que 59 % des points de son équipe sur la rencontre. Si on ajoute à ce chiffre le fait que le match de 1962 se jouait à un rythme beaucoup plus élevé avec beaucoup plus de possessions qu'en 2006 et que la rencontre Philadelphia New York était absolument sans enjeu, il n'y a qu'un pas pour affirmer que cette saillie de Bryant est la plus impressionnante de tous les temps.

MIEUX QUE WILT ?

Kobe renverse ce match à la seule force de sa volonté, grâce à un registre offensif unique, une agressivité de tous les instants, une concentration sans défaut et une détermination impitoyable. Il marque 81 points au final et dans son sillage, les Lakers remportent une victoire finale large (122-104) mais acquise dans le dernier quart. Personne n'a jamais fait mieux dans toute l'histoire de la NBA, à part Wilt Chamberlain le 2 mars 1962, date mythique où il a marqué 100 points dans la victoire de Philadelphia sur New York (169-147). Michael Jordan s'était arrêté à 69 unités. Kobe fait mieux et poursuit son effort toute la saison.

Le même mois de janvier, il devient le premier joueur depuis 1964 à enchaîner 45 points ou plus sur quatre matches consécutifs, bouclant le mois à 43,4 points de moyenne. Là encore, personne n'a fait mieux à part l'immense Wilt. Sur la saison 2005-06, il remporte évidemment le titre de meilleur scoreur avec 35,4 points de moyenne. Il faut remonter deux décennies en arrière pour trouver mieux (Jordan en 1986-87 avec 37,1) et avancer jusqu'à James Harden en 2019 pour une moyenne similaire (36,1). Sur la saison 2006-07, Bryant lève un peu le pied mais conserve tout de même son titre de meilleur scoreur de la NBA (31,6 pts).

Il est le patron de l'équipe, il dispose d'une carte blanche en attaque que même Phil Jackson, de retour sur le banc, ne peut contester. Mais il ne gagne pas. En 2006, au premier tour des playoffs face

Kobe a ouvert la voie avec 10 ans d'avance aux orgies offensives de James Harden à la fin des années 2010.

aux Phoenix Suns de Steve Nash et Boris Diaw, les Lakers mènent 3-1 après un match fantastique de Bryant qui marque un lay-up à 7 dixièmes du buzzer réglementaire pour décrocher la prolongation, puis, lors de celle-ci, un tir à six mètres, à la sonnerie, pour le gain de la rencontre. Secondé par Lamar Odom et une bande de seconds couteaux, Kobe est sur le point de prouver qu'il peut faire gagner une équipe en playoffs. Cela s'est joué à 6 secondes.

LE CRÈVE-CŒUR DE 2006

Au Game 6, alors que Bryant vient de donner 3 points d'avance aux Lakers à 30 secondes de la fin, les Suns arrachent la prolongation sur un tir à 3 points de Tim Thomas. Steve Nash (32 pts et 13 pds) l'emporte finalement sur Kobe qui réalise pourtant un match fabuleux (50 pts à 20/35 aux tirs). La chance s'envole. Phoenix survole le Game 7 à domicile et Kobe, épuisé, l'a compris. Il ne tente que trois tirs de la seconde mi-temps. En 2007, la revanche accouche du même résultat (victoire des Suns 4-1). Bryant est un scoreur fabuleux, un artiste au sommet de son art. Un soliste. Mais il est isolé. Il n'a pas à partager mais au plus haut niveau, son seul génie ne suffit pas à triompher.

81 points face à Toronto en janvier 2006.

JE PRÉFÈRE ÊTRE UN WINNER PLUTÔT QU'UN BON COÉQUIPIER.

Kobe Bryant

C'est au cours de ces trois saisons que se forge une réputation de coéquipier médiocre. Leader respecté par son investissement et son niveau mais qui se tient à l'écart des autres, qui dispose d'un vestiaire personnel coupé du reste de l'équipe. Kobe n'a pas d'ami. Il noue occasionnellement une relation privilégiée avec un coéquipier, comme il l'a fait avec Ronny Turiaf. Kobe aimait les parfaits soldats. Il admirait d'ailleurs la relation d'amitié qui liait le pivot français avec ses amis de lycée Tony Parker et Boris Diaw, un sentiment qui lui était totalement étranger.
« Les amis vont et viennent. Les titres restent toujours », objectait Kobe, interrogé en 2015 par Jemele Hill d'ESPN sur ses difficultés à se lier avec les autres. Il se qualifie lui-même au cours de cet entretien comme un « trou du cul ». « En grandissant, j'aimais tellement le jeu. Je n'ai pas cherché à être un ami médiocre, c'est simplement que cela demande du temps et de l'énergie. » Depuis toujours, Kobe concentre son énergie sur lui-même, sa technique, son tir, son corps, son esprit.

ISOLEMENT

Entre 2004 et 2007, la star des Lakers enchaîne les exploits offensifs, les tirs décisifs, les œuvres d'art. Mais le déchet est également important. Il force, il shoote trop pour ne pas démobiliser les siens, il est parfois caricatural, notamment en fin de match. Kobe se définit comme le meilleur joueur de un-contre-un de l'histoire mais entre isolation et isolement, la frontière est ténue. Surtout que le maniaque n'hésite jamais à shooter par-dessus des prises à deux. Ce qui fait hurler les puristes du jeu.

Kobe n'a jamais eu peur d'attaquer à un contre quatre.

Antawn Jamison, All-Star NBA en 2005 et 2008, a été le coéquipier de Bryant aux Lakers en 2012-13. Il donne en mars 2013 un éclairage sur la question pour une radio d'ESPN. « Kobe nous disait : écoutez les gars, vous êtes mes coéquipiers, criez-moi dessus. Faites-moi savoir que vous êtes ouverts parce que je suis tellement programmé que je ne vois que le cercle. Tu peux être ouvert, il peut y avoir trois mecs sur moi, mais je ne vois que le panier. Donc au milieu de l'action, dis-moi, crie. Ça ne me pose pas de problème. Je respecterai ça. »

ÉGOÏSME CONSCIENT ET ASSUMÉ

Deux ans plus tard, toujours dans le cadre de son interview avec Jemele Hill, Kobe lui-même donnait un autre son de cloche sur une sorte d'égoïsme conscient et assumé. Pour l'intéressé, sa jeunesse itinérante en Europe, le décalage culturel, les déménagements incessants l'ont amené à ne compter que sur lui-même. « Cela vous rend précautionneux. C'est pour ça que, pour le tir de la gagne, je préfère toujours shooter avec deux défenseurs sur moi plutôt que de passer à quelqu'un ouvert dans un corner. Je suis sérieux. J'ai grandi en ne comptant vraiment que sur moi. Il a vraiment fallu que j'apprenne à me dire : non, c'est OK de travailler avec les autres. Quand on se forge dans un certain isolement, on revient toujours, en particulier dans les moments sous pression, à sa nature profonde. »

Du 8 au 24

Kobe Bryant est arrivé en NBA en prenant le numéro 8, le numéro qu'il portait en Italie. 8 est également l'addition des trois chiffres du numéro qu'il portait, le 143, lors du ABCD Camp, qui l'a révélé alors qu'il n'était encore qu'un lycéen anonyme. Sur la saison 2006-07, il a décidé de revenir au numéro 24 qui était son premier numéro au lycée, mais qui n'était pas disponible à son arrivée aux Lakers, pas plus que le 33, son autre numéro au lycée, propriété pour toujours aux Lakers de Kareem Abdul-Jabbar. En 2017, Kobe explique ce changement, reflet d'une évolution de mentalité. « Quand je suis arrivé en NBA, j'ai voulu planter mon drapeau. Prouver que j'étais l'un des meilleurs, attaquer les autres. Énergie et agressivité constantes. Le 24 représente une transformation. Les qualités physiques ne sont plus les mêmes. Mais la maturité est là désormais. Mariage, enfants. J'ai commencé à avoir plus de recul, de perspectives, je devenais un des vétérans. Les choses évoluent. »

USA
10

2007-2010 : RÉDEMPTION(S)

CAPTAIN AMERICA

AVEC L'ÉQUIPE NATIONALE, COÉQUIPIER MODÈLE ET DÉCISIF EN FINALE DES JO DE PÉKIN 2008, KOBE BRYANT ENTRE DANS LA PHASE LA PLUS FASTE DE SA CARRIÈRE : CELLE DE LA RÉDEMPTION.

La gonfle a traversé de bout en bout le camp espagnol pour atterrir dans les mains de Kobe Bryant. Le chrono affiche 3 minutes. Les États-Unis sont fébriles (104-99). La Wukesong Arena de Pékin retient son souffle. La finale olympique est dans la balance, la Roja au contact. Rudy Fernandez se précipite. Bryant, un mètre derrière la ligne à 3 points, improvise un flamenco. Feinte de tir, de shoot, de départ à gauche, à droite, puis déclenche... Fernandez danse. Fait faute, sans empêcher la balle de transpercer le filet. 3+1. Bryant, qui a inscrit 20 points, 13 lors du dernier quart, et distribué 6 passes, porte son index gauche, tendu, à la bouche, l'air de dire : « C'est fini. » Cela le sera une poignée de minutes plus tard (118-107).

TEAM USA RETROUVE LE TOIT DU MONDE POUR LA PREMIÈRE FOIS DEPUIS SYDNEY, EN L'AN 2000.

À qui le capitaine de l'équipe américaine voulait-il imposer le silence ? La réponse est vaste. Les JO de Pékin 2008 sont une histoire de rédemption(s). Celle de Team USA, celle de Bryant, aussi. Après trois affronts (Mondial 2002, 6es, JO 2004, 3es, Mondial 2006, 3es), tombés de leur piédestal, les États-Uniens ont surnommé leur escouade « Redeem Team », l'équipe du rachat, et aligné une collection de stars inédite depuis la Dream Team 1992.

De son côté, après avoir manqué les JO de Sydney (mariage) puis ceux d'Athènes (tourmente judiciaire), le natif de Philadelphie a tout fait pour être en Chine, allant jusqu'à repousser une intervention chirurgicale destinée à réparer un ligament déchiré au doigt. Il assure rêver du maillot national, dira avoir, la première fois, dormi avec son jersey floqué du numéro 10. Mais avec Bryant, 29 ans en 2008, qui vient de décrocher l'unique titre de MVP de sa carrière, toujours honni pour ses travers égotistes, on ne sait s'il faut croire à la belle histoire.

Moins d'un an plus tôt, dépité, il réclamait un transfert pour Chicago. L'affaire s'était tassée, et le 1er février, les Lakers avaient réussi à faire venir Pau Gasol à LA. Retouche suffisante pour retrouver la finale (perdue contre Boston 2-4). Alors, l'appel de Pékin ressemble à une bouffée d'oxygène.

D'un tir à 3 points avec la faute contre l'Espagne en finale des JO 2008, Bryant vient d'offrir l'avantage définitif aux États-Unis, qui retrouvent l'or olympique.

Une seconde chance. Pour effacer la défaite de juin. Et, par la même occasion, reconstruire son image, réécrire son histoire, salie par l'affaire d'accusation de viol qui, depuis 2004, en a fait un paria. La présence de Mike Krzyzewski, que Bryant admire depuis le lycée, est décisive. « Coach K » avait été à deux doigts de le convaincre d'intégrer Duke en 1996 plutôt que de faire le grand saut pour la NBA. Il lui confie le brassard mais exige du soliste des Lakers qu'il soit plus distributeur et, en défense, le pitbull qui sera lancé sur le meilleur attaquant adverse.

En embrassant cette mission, Bryant change le cours de son destin. Chris Bosh se souvient du premier matin du camp d'entraînement, quand les joueurs ont débarqué au petit déjeuner et découvert leur coéquipier dégoulinant de sueur, les genoux dans la glace. « Dwyane Wade a été le premier, puis LeBron est venu, puis bientôt on était tous là à 5 heures du matin à nous entraîner ensemble », se remémore Bryant. Des sessions qui soudent le groupe, dont il devient le leader incontesté.

« Il a été un pilier de la sélection, de la culture que nous avions pour mission de restaurer », disait un Krzyzewski dévasté après le drame de janvier. « Il savait comment unir un groupe, le mener à la victoire. » Pas vraiment le type de compliments auquel il avait été habitué… C'est qu'aux Jeux, il montre un nouveau visage, spontané, humble, disponible pour les fans chinois hystériques, émerveillé par le spectacle olympique, avenant avec les autres athlètes et plus proche de ses coéquipiers. Au point de provoquer la suspicion des observateurs.

« Kobe est l'âme de l'équipe », dira Dwyane Wade. Avec lui en son sein – tournoi des Amériques 2007, JO 2008 et 2012 –, Team USA n'a pas perdu un match. À Pékin, avec 15 points de moyenne, il n'était que le troisième scoreur. Et la médaille d'or, son premier titre depuis 2002, a inauguré la période la plus faste de sa carrière.

En 2012 à Londres, ici en finale contre l'Espagne,
Bryant et Team USA récidivent et remportent l'or olympique.

USA
10

SUR UN PHIL

CONFLICTUELLE, À LA LIMITE DE LA RUPTURE LORS DU PREMIER TRIPLÉ, LA RELATION ENTRE KOBE BRYANT ET PHIL JACKSON EST ENSUITE DEVENUE L'UNE DES PLUS PRÉCIEUSES DE LA CARRIÈRE DE L'ARRIÈRE.

Phil Jackson est dans sa chambre de l'hôtel Hilton, à Los Angeles en ce mois de juin 1999. Penché sur son bureau, il ajuste ses lunettes et noircit un bloc-notes. Les Lakers viennent de subir une nouvelle humiliation, balayés 4 à 0 par San Antonio. Lui sort d'une année de break après avoir conduit les Bulls de Michael Jordan à six titres en huit ans. Le voilà convoqué à la rescousse d'une équipe rongée de l'intérieur. Il esquisse encore les grandes lignes du premier discours qu'il va prononcer, quand il entend frapper à la porte. Kobe Bryant. Le joueur tend à l'entraîneur une copie de son ouvrage *Sacred Hoops* (*Paniers sacrés*, 1995) et lui demande une dédicace. S'ensuit une discussion sur l'attaque en triangle.

Cela aura pris des années, mais le sourire est sincère entre Bryant et Jackson. Réconciliés, ils s'offraient même des parties de pêche, ensemble, l'été.

À l'époque, Jackson décrit publiquement Bryant comme un joueur « jordanesque ». L'arrière, qui calque sa carrière et son jeu sur l'idole de Chicago, voit l'arrivée de Jackson comme un tournant. Vingt et un ans plus tard, après la mort de Bryant, l'entraîneur aux onze bagues rendait cet hommage : « Kobe était un "élu". Il touchait les gens de multiples manières. Notre relation coach/joueur a transcendé la norme. » Expression finement choisie, qui saisit la complexité d'un rapport qui n'eut au final rien de « normal ». Et flirta dès la première année avec la rupture.

À son arrivée, Jackson, en partie parce qu'O'Neal est la pièce maîtresse du vestiaire quand Bryant apparaît coupé du monde, s'attache à nouer une relation privilégiée avec le pivot. Vexé, Bryant n'arrange rien en jouant un basket égoïste. Même si le trio remporte trois titres (2000, 2001, 2002), Jackson est exaspéré. Dans son ouvrage *The Last Season* (2004), il qualifiera Bryant d'« incoachable ».

En coulisse, dès 1999, O'Neal exige qu'il soit expédié à l'autre bout des États-Unis. Un deal est sur la table, apprendra-t-on en 2015 : Kobe contre Grant Hill. L'instinct de Jackson, passé par semblable frustration avec Michael Jordan à ses débuts, lui dit de résister à la tentation.

De son côté, Bryant est chaque jour plus outré. En 2015 à *GQ*, il raconte : « J'étais buté. Tel un pur-sang au potentiel pour devenir l'égal de Secretariat (l'un des plus grands chevaux de course de l'histoire), mais trop sauvage. Il essayait de me dompter.

Les rapports entre Phil Jackson et Kobe Bryant ont été complexes dès le début. Dans un livre, l'entraîneur aux onze bagues de champion dira même de son arrière qu'il était « incoachable ».

Mais quand il s'est mis à manipuler la presse contre moi, je me suis dit : j'en ai fini avec ce gars. En même temps, cela me rendait maniaque. Car il me mettait une pression dingue pour être plus efficace, meilleur. C'en est devenu insultant. J'avais prolongé ici avec Shaq pour gagner des titres. J'aurais pu aller n'importe où et scorer 35 points de moyenne, détruire mes adversaires. J'ai sacrifié ça pour les bagues. Alors entendre les gens dire que j'étais égoïste me rendait fou. »

En 2004, Jackson prévient ses dirigeants qu'il ne prolongera pas si Bryant reste. Les Lakers prennent fait et cause pour leur pépite et poussent Jackson et O'Neal vers la sortie. La saison suivante, catastrophique, sans play-offs, convainc l'organisation de rappeler Jackson. Celui-ci sollicite un entretien avec Bryant pour s'assurer qu'ils pourront retravailler ensemble. « Je sentais souvent sa haine, se remémorait l'entraîneur pour ESPN en 2015. Il voulait plus de liberté, moi plus de discipline. Nous avons mis nos différends derrière nous. Je lui ai donné plus de latitude et nous avons remporté deux titres de plus (en 2009 et 2010). » C'est l'apogée de la carrière de Bryant, qui gagne enfin sans l'ombre d'O'Neal.

Les ennemis d'antan se rapprochent. Ils passent des heures, dans l'avion de l'équipe, à faire de l'analyse vidéo. Bryant intègre la méditation, dada de Jackson, à sa routine. L'été, ils vont même pêcher ensemble. « J'avais une vision rationnelle du jeu. Avec lui, tout a changé, confiait Kobe Bryant à Ahmad Rashad. J'ai touché du doigt sa dimension spirituelle. J'ai compris comment faire taire mon ego et jouer un basket "sans effort", plus essentiel. » « Sa philosophie du jeu et de vie sont des principes que j'ai adoptés », ajoutait-il. Avant sa tragique disparition, il avait invité Jackson à sa Mamba Academy. Pour lui montrer qu'il transmettait à son tour, à l'équipe de sa fille Gianna, tous les préceptes hérités du Zen Master.

« C'EST MON TITRE LE PLUS MARQUANT, PARCE QUE C'ÉTAIENT LES CELTICS. CE FUT DE LOIN LE PLUS DIFFICILE À ALLER CHERCHER. ON ÉTAIT MENÉS 2-3. »

Kobe Bryant

Bryant exulte. L'effusion est à la hauteur de la montagne qu'il vient de gravir. Il a battu le rival historique, Boston, au terme d'une série épique, décidée lors du septième match.

LE TITRE 2010 : « THE SWEETEST »

Sa cinquième bague était pour Kobe Bryant la plus belle. Et pas uniquement parce qu'elle lui a permis de dépasser son rival de toujours, Shaquille O'Neal. C'est une soirée dans les tranchées, avec vue sur le paradis. Un match 7 décidant de la finale, entre deux armées jouant le dernier épisode d'une rivalité ancestrale. Ce 18 juin 2010, Celtics et Lakers rampent, plus qu'ils ne courent sur le terrain, à la seule force de leur volonté. Kobe Bryant n'a plus les yeux en face des trous (6 sur 24), un doigt, l'index de sa main de tir, cassé, et une cheville en vrac. C'est un match de peu de points. Au cœur du troisième quart, Bryant voit, face à la défense de Boston du trio Kevin Garnett-Paul Pierce-Ray Allen, ses Angelenos plier (36-49). Traumatisé par la défaite en 2008 contre ces mêmes Celtics, il s'épuise au rebond (15, un de moins que son record en carrière) et va chercher ses points (23 au final) sur la ligne des lancers francs (11/15). Pau Gasol vit aussi un cauchemar (6/26 cumulé pour eux à la pause), mais affiche la même résilience et finira avec 19 points, 18 rebonds et 4 passes. À 64-64 (42e), un 6-0 des mains du duo donne aux Lakers un avantage qu'ils ne lâcheront plus (83-79).

Bryant gravit une montagne que ni Jerry West ni Magic Johnson n'avaient réussi à franchir : battre les Celtics au match 7. En douze confrontations finales avec leur rival, c'est seulement le troisième succès pour les Lakers. « C'est mon titre le plus marquant, parce que c'était eux, soufflait Bryant. Ce fut de loin le plus difficile à aller chercher. On était menés 2-3. Dans le moment, tu dois oublier l'identité de l'adversaire. Mais je connais mon histoire, je sais ce que ça représentait, et je voulais cette victoire plus que tout au monde. Je ne pouvais pas être un Laker et perdre deux fois contre Boston. » Les Lakers étaient de nouveau sur le toit du monde. Et Bryant, MVP de la finale, une nouvelle fois champion de ses propres mains.

Chaque panier aura été un combat pour Bryant dans une finale qu'il a jouée blessé, et finie sur les rotules.

LAKERS
24

L'INTERVIEW DE PAU GASOL

« KOBE, MON FRÈRE »

PRÉSENTÉS COMME DEUX PERSONNALITÉS OPPOSÉES, KOBE BRYANT ET PAU GASOL, TRANSFÉRÉ AUX LAKERS DE MEMPHIS EN 2008, VONT NOUER UN LIEN IMMÉDIAT ET INDÉFECTIBLE. L'ESPAGNOL AUX ONZE MÉDAILLES INTERNATIONALES (DONT UNE COUPE DU MONDE, EN 2006, ET DEUX « ARGENTS » OLYMPIQUES) A ACCEPTÉ DE NOUS RACONTER CETTE RELATION FRATERNELLE QUI MENA LA FRANCHISE DE LOS ANGELES AU SOMMET, SACRÉE EN 2009 ET 2010, ET MARQUA SA VIE À JAMAIS.

Il était au volant et regagnait son domicile barcelonais, quand du coin de l'œil Pau Gasol a vu son téléphone commencer à clignoter avec insistance. C'est sa femme qui, ce 26 janvier à son côté, lui annonce la nouvelle. « Mon esprit s'est comme paralysé, racontera-t-il. Les mots ont pénétré mon esprit, mais je n'arrivais pas à les comprendre. » Arrivé chez lui, il s'effondre, et ne parle à personne pendant plusieurs jours. Puis il décolle pour Los Angeles pour être auprès des Bryant. « Kobe a changé ma carrière, ma vie. Il était la personne qui se rapprochait le plus d'un grand frère pour moi », nous confie le pivot de la Roja, pièce manquante des Lakers à la fin des années 2000, dont la connexion avec Bryant, tant sportive que spirituelle, a permis aux Lakers de retrouver le firmament.

Vous avez fêté vos 40 ans avec la famille Bryant, dont les filles, à qui vous transmettez l'art et la culture, vous appellent « tío Pau » (tonton Pau). Comment décririez-vous la place que cette relation a prise dans votre vie ?

Elle est centrale. Cette année 2020 a été très difficile, pour de nombreuses raisons. La plus dure, personnellement, a été la perte de mon ami, la personne qui se rapprochait le plus pour moi d'un grand frère, et de sa petite fille. Cela a causé beaucoup de douleur à énormément de gens, ses parents, sa femme Vanessa, ses filles. Moi et ma femme Catherine les considérons comme notre famille. Nous devions leur montrer que nous serions là, pour le reste de notre vie. Si l'on doit chercher un sens à la tragédie, celle-ci a rapproché les personnes qui l'aimaient. Cette solidarité doit nous permettre de ressortir de cette épreuve encore plus forts.

KOBE A CHANGÉ MA CARRIÈRE, MA VIE. IL ÉTAIT LA PERSONNE QUI SE RAPPROCHAIT LE PLUS D'UN GRAND FRÈRE POUR MOI.

Le 24 août (24/08, comme ses deux numéros de maillot), devenu le « Mamba day », vous avez souligné sur Twitter à quel point Kobe Bryant a affecté votre existence, « de nombreuses manières ». Lesquelles ?

C'est amusant que le 24 août devienne une date aussi importante alors que son anniversaire est en fait la veille, le 23. Dans la préface de son livre, j'ai écrit : « En 2008, ma vie a changé à jamais. » C'est vrai. Kobe m'a poussé à exprimer le meilleur de moi-même. En tant que joueur, via les deux titres qu'on a remportés. Mais également via la relation qu'on a bâtie à l'extérieur. On partageait tellement. On parlait de ce qu'on voulait accomplir dans nos vies. Je pouvais me reposer sur lui, parler de tout. Il me conseillait, me soutenait. En cela, sa détermination, sa mentalité sur les planches comme en dehors étaient inspirantes, et le resteront.

Dès votre signature à Los Angeles, Kobe Bryant vous rend visite au milieu de la nuit dans votre chambre d'hôtel à Washington, où vous rejoignez l'équipe, pour parler de titre. Huit mois plus tôt, en juin 2007, vous vous croisez en Espagne alors que Bryant était venu visiter les installations du FC Barcelone...

Une folle coïncidence. Il logeait avec sa famille dans un hôtel où je m'entraînais régulièrement, car il est équipé et au calme. On s'y croise, et il me dit, l'air de rigoler : « Voyons si on peut jouer ensemble, à LA ou ailleurs. » Six mois plus tard, la prophétie s'accomplit. Aujourd'hui encore, je me demande si c'était le pur fruit du hasard ou le destin. Mais nos chemins devaient se croiser. Les choses arrivent pour une raison, qu'elles soient incroyables dans le bon sens ou dévastatrices. Kobe et moi, c'était étrange, mais également très spécial.

On caricaturait souvent votre relation, parlant de deux personnalités opposées, d'un intellectuel rencontrant le mâle alpha absolu. Bryant, lui, avait cette expression : « Animal différent, mais même bête... »

Il avait un côté plus lunatique, fantasque que moi, mais on se respectait, on s'aimait et on se complétait. Quand j'ai rejoint les Lakers, je n'avais rien à prouver, je ne recherchais pas la lumière, il n'y avait pas de compétition avec lui. Je m'étais juré d'apporter quoi que ce soit qui ait pu manquer à cette équipe. Par chance, on a « cliqué » instantanément. On avait beaucoup en commun : la volonté de gagner à tout prix, un grand QI basket, ainsi que notre manière, très rationnelle, d'appréhender le jeu. En réalité, nous étions tous deux des intellectuels. Même si j'avais des centres d'intérêt plus divers, lui était étroitement concentré sur le basket et sa famille. Il était obsessionnel, avait intégré le niveau d'investissement, de travail, de sacrifice et de discipline nécessaires pour atteindre ses objectifs. Mais une fois sa tâche terminée, il a démontré à quel point il était plus qu'un basketteur : un père et un mari dévoués, un passionné de storytelling qui se consacrait à la création de contenus, écrivait des livres et produisait, un activiste du sport féminin, un businessman qui levait des fonds, investissait dans des entreprises...

Son background européen contribue-t-il à expliquer les liens que vous avez tissés ?

Avoir vécu en Italie, en France, lui a donné une perspective plus large, plus profonde, multiculturelle, sur ce qu'il se passe dans le monde. Il parlait italien, espagnol, sa femme ayant une ascendance mexicaine. Il y passait souvent ses vacances. Cela a probablement joué un rôle dans la connexion qu'il avait avec les joueurs européens, comme moi ou Ronny Turiaf.

L'avez-vous maudit le jour où vous avez pénétré dans le vestiaire à l'ouverture du camp d'entraînement, en septembre 2008, et trouvé sa médaille d'or olympique pendue à votre casier (remportée par Team USA contre l'Espagne en finale des JO de Pékin) ?

Il essayait de déclencher quelque chose en moi. C'était sa manière de me dire : on a perdu ensemble contre Boston en finale (2008), puis tu as perdu contre moi aux JO. Faisons en sorte que cela ne t'arrive pas une troisième fois. Je ne pense pas que j'avais besoin de motivation, mais ça a peut-être aidé. Je l'ai regardé direct, pour lui dire : « Come on, ce n'était pas nécessaire. Félicitations. Je ne sais pas si tu veux une autre médaille... » D'ailleurs il l'a eue, encore contre moi, en 2012... (il rit) *Mais je ne l'ai pas haï pour ça, car je comprenais d'où ça venait.*

On le décrivait comme un coéquipier difficile, tyrannique, avec qui beaucoup ne voulaient pas jouer. Vous qui le connaissiez si bien, avez-vous réussi à saisir comment son esprit fonctionnait ?

Je n'en ai pas la prétention, je n'étais pas à l'intérieur de son esprit. Je ne dis pas que c'était facile tous les jours pour moi, mais je dirais que ceux qui ont eu le plus de difficulté n'ont pas saisi d'où venait la rage qu'il exprimait parfois, cette ambition de gagner des titres pour s'inviter à la table des plus grands, de gagner comme concept. Il ne s'agissait pas de scorer 40 ou 50 points, ce qu'il aurait pu faire quotidiennement s'il l'avait décidé. Après, c'était à toi de voir si tu étais prêt à l'accompagner. Le reste, ce que les gens voyaient comme une maladie, c'était sa manière d'exprimer ça. Je voulais la même chose que lui, donc je respectais ça.

Sur le parquet, vous aviez une arme secrète : vous parliez en espagnol. Il vous avait même surnommé Pablo, en référence à Escobar, le narcotrafiquant colombien...

Dès notre premier match, dans le New Jersey, il a commencé à me parler en castillan. Les adversaires ne pouvaient pas comprendre. On a gardé ça toute notre carrière. Je ne l'aurais jamais initié moi-même. Cela, comme ce surnom, sa manière de vouloir faire ressortir mon instinct de tueur sur le parquet, ont participé à créer ce lien intime entre nous.

Partagiez-vous des livres, des références culturelles ?

Plus que des livres en particulier, nous partagions la conscience de l'importance de la connaissance, d'une approche intellectuelle dans la réussite. Nous avons par conséquent toujours lu beaucoup pour accumuler du savoir.

Vous avez nommé votre première fille, née en septembre, Elisabet Gianna. Comment la tragédie affectera votre approche de la parentalité et la relation que vous voulez construire avec vos enfants ?

L'héritage de Kobe et sa présence seront toujours avec nous, avec moi. J'ai tant appris en le voyant faire avec Natalia, Bianka, Gianna et Capri. Ce sont mes nièces, Vanessa, ma sœur. Lui mon frère. J'espère que l'on aura d'autres enfants, j'espère être à la hauteur de l'exemple qu'il a donné en tant que père. Autre preuve s'il en fallait une, de la marque qu'il a laissée dans l'histoire.

KOBE M'A POUSSÉ À EXPRIMER LE MEILLEUR DE MOI-MÊME. EN TANT QUE JOUEUR, VIA LES DEUX TITRES QU'ON A REMPORTÉS. MAIS ÉGALEMENT VIA LA RELATION QU'ON A BÂTIE À L'EXTÉRIEUR. ON PARTAGEAIT TELLEMENT.

LE TÉMOIN MIKE PROCOPIO

« IL M'APPELAIT SON JACK BAUER. »

KOBE BRYANT CONSIDÉRAIT MIKE PROCOPIO, SON ASSISTANT VIDÉO PERSONNEL DE 2009 À 2013, COMME L'HOMME DE L'OMBRE QUI FAÇONNAIT EN COULISSE SES SUCCÈS.

Comment avez-vous commencé à travailler avec Kobe Bryant ?

Tout est parti d'un article dans le New York Times *du 13 février 2009 détaillant comment les Rockets comptaient limiter Kobe Bryant en se basant sur des statistiques avancées. Tim Grover, préparateur physique de Kobe, me prévient qu'il veut me contacter. Je reçois un e-mail où il me demande ce que je peux lui dire de Houston. Les 36 heures qui suivent, je parle à des coachs, assistants, scouts. Je lui ai fait un rapport détaillé, sans le ménager. J'ai pensé que je n'entendrais plus jamais parler de lui. Après son match contre les Rockets, il m'appelle :* « Mike, j'ai San Antonio *demain, je veux la même chose. » Ça a duré quatre ans.*

Que faisiez-vous pour lui ?

Chaque jour de match, je lui envoyais des vidéos et stats à 5h30 du matin, heure de LA, sur ses adversaires, leurs forces et faiblesses, et lui-même. Il voulait tout savoir : où son opposant est-il maladroit ? Part-il plus souvent à gauche ou à droite ? Mord-il aux feintes ? Ça partait de là, puis on échangeait toute la journée par e-mails ou messages, et on débriefait après les rencontres jusqu'à 2-3 heures du matin... C'était une expérience dingue de pouvoir échanger avec un tel esprit du jeu.

Justement, tout le monde se demande ce qu'il se passait dans sa tête. Vous avez une réponse ?

Je n'ai jamais vu ce niveau d'obsession, d'attention au détail, cet instinct de compétition. Ensemble, on parlait de l'histoire du jeu, de Bodiroga, Petrovic, Schmidt autant que de Robertson ou Bird. En quatre ans, il n'a jamais mentionné son MVP, ses titres. Son esprit était un ordinateur, il enregistrait tout. C'était une sorte de robot Terminator. Il ne dormait pas autant que vous et moi. 24 heures sur 24, il ne pensait qu'à gagner.

Travailler pour lui, c'était comment ?

Très exigeant et épuisant. Cela ne s'arrêtait jamais. Ce n'était pas comme être dans un donjon (il rit)*, mais il y avait peu de jours off. Il respectait qu'on le contredise. Mais te jetait ce regard, te rentrait dedans. Il te disait : « montre-moi. »*

Ses coups de fil nocturnes n'étaient donc pas une légende ?

Pas du tout. J'avais choisi la musique de K-2000*. Ma femme en est devenue folle (il rit). Il fallait un truc lancinant, qui me fasse penser à lui et te réveille à la première note la nuit. Au début je voulais le thème du film d'horreur Les Griffes de la nuit (premier volet de* Freddy*), mais c'était trop long..*

Quelles sont les choses les plus étranges que vous avez découvertes à son sujet ?

Il avait appris tout seul à jouer du piano. Il m'a fait une démonstration chez lui. Et puis il avait un chien, qui venait de la DEA (service américain de lutte contre la drogue). Le chien comprenait le croate, alors Kobe lui parlait et jurait en croate !

Quelle a été sa requête la plus déraisonnable ?
Après le match 2 de la finale 2010, il nous demande, à moi et Tim Grover, de le rejoindre sur place. Il voulait ses hommes de confiance au plus proche. On était ses hommes de main, Samuel L. Jackson et John Travolta dans Pulp Fiction. *Après le match 4 (série à 2-2), en plein milieu de la nuit, il me demande de lui trouver des vidéos de la* Princeton offense. *J'ai fait des allers-retours toute la nuit entre mon hôtel et le sien.*

Après cette finale, remportée par les Lakers, il a vous a surnommé son « Jack Bauer ».
Il m'appelait ainsi. Il savait que 24 était ma série favorite. J'étais là pour l'aider à résoudre tout problème sans jamais poser de question. Après tout ça, il m'a offert une bague de champion.

Mike Procopio avait offert à Bryant, ici à l'entraînement, un projecteur capable d'envoyer des images au plafond pour, qu'après les matches, celui-ci puisse faire du travail vidéo en position allongée, sur le lit de sa chambre d'hôtel.

2010-2013 : EN QUÊTE D'ÉTERNITÉ

L'OBSESSION DU 6e TITRE

DE 2008 À 2010, KOBE EST AU SOMMET DE SON ART. IL EST LE PATRON INCONTESTÉ DE LA MEILLEURE ÉQUIPE DE NBA. LE RÔLE ET LE STATUT DONT IL A TOUJOURS RÊVÉ. LE CHEF DE MEUTE ULTIME. MAIS QUE SE PASSE-T-IL LORSQUE LE CHEF BAISSE D'UN CRAN ET QUE L'ÉQUIPE NE GAGNE PLUS ? COMMENT REVENIR AU SOMMET ? LE PARTAGE EST-IL UNE VOIE POSSIBLE ?

« Je dirais que remporter un sixième titre est ma priorité numéro un, puis je dirais qu'un sixième titre est numéro deux sur cette liste, et puis que la troisième est un sixième titre. » Août 2013. Quelques mois plus tôt, le 12 avril 2013, le tendon d'Achille de Kobe se rompt. Fin de saison. Il ne pourra pas aider ses coéquipiers en playoffs qui se font balayer 4-0 au premier tour par les Spurs futurs finalistes. Kobe Bryant, qui pense sincèrement toujours au titre, n'a alors aucune idée qu'il ne jouera plus jamais en phase finale NBA. La quête d'une sixième bague est terminée. La fenêtre s'est refermée.

Deux jours plus tôt, le 10 avril 2013, Kobe, presque 35 ans, dans sa dix-septième saison NBA joue les 48 minutes du match contre Portland. Il livre une rencontre fabuleuse. 47 points à 14/27 aux tirs, 8 rebonds, 5 passes, 4 contres, et 3 interceptions. Personne n'a jamais livré une feuille de stats similaires en NBA. Le 7 avril ? 47 minutes. Le 3 avril ? Déjà 47 minutes. Le 31 mars ? 48 minutes. Sur ses sept derniers matches de la saison, Kobe tourne à presque 46 minutes en moyenne. Les Lakers sont au coude à coude pour la qualification en playoffs alors il tire sur la machine. Au-delà de toute prudence.

> **JE DIRAIS QUE REMPORTER UN SIXIÈME TITRE EST MA PRIORITÉ NUMÉRO UN, PUIS JE DIRAIS QU'UN SIXIÈME TITRE EST NUMÉRO DEUX SUR CETTE LISTE, ET PUIS QUE LA TROISIÈME EST UN SIXIÈME TITRE.**
>
> ***Kobe Bryant, août 2013***

UN CINQ MAJEUR DE RÊVE

Parfois, Kobe n'a pas eu le choix. Il était obligé de tout faire tout seul car ses coéquipiers n'étaient pas à la hauteur. Mais le cinq majeur des Lakers 2012-13 est fabuleux. Après deux bonnes saisons

Après deux titres consécutifs en 2009 contre Orlando et en 2010 contre les Celtics de Paul Pierce (à gauche sur la photo), Bryant a les yeux tournés vers un seul objectif : un sixième titre comme Jordan.

Dès la saison 2010-11, quelque chose se brise dans l'équipe des Lakers qui ne retrouvera plus les Finals.

régulières en 2011 et 2012 soldées par deux échecs au second tour des playoffs face à des équipes en pleine bourre (balayés 0-4 par Dallas, futur champion 2011 puis 1-4 face à OKC, futur finaliste en 2012), les dirigeants des Lakers frappent fort. Ils recrutent Steve Nash, sur le déclin certes mais encore All-Star la saison précédente et Dwight Howard, meilleur pivot de la ligue à l'époque (20,6 pts et 14,5 rbds en 2011-12) pour compléter le Big Three déjà en place, Kobe, Pau Gasol et Metta World Peace (Ron Artest). Une *superteam* pour décrocher un sixième titre. À condition que ce soit bien la priorité ?

Dès la reprise, Kobe le mâle alpha, qui a chassé dix ans plus tôt Shaq et Phil Jackson, marque son territoire, non pas contre ses adversaires, mais face à ses coéquipiers. « On m'a demandé récemment à qui appartenait l'équipe », explique-t-il à la journée média des Lakers fin octobre 2012. « Je n'ai pas envie de rentrer dans le jeu de : "Eh bien, nous allons partager..." Non, c'est mon équipe. Mais je veux m'assurer que Dwight... Quand je prendrai ma retraite, ce sera son équipe. Je veux lui enseigner tout ce que je sais. »

Steve Nash a passé les dix dernières saisons avec le ballon constamment dans les mains. Howard a besoin de munitions, Pau Gasol aussi. La patience de Kobe a duré... un match. Le premier. 22 points à 11/14 aux tirs mais une défaite. Dès la deuxième rencontre, il s'impatiente. 30 points et 20 tirs. À la troisième, il explose. 40 points et 23 tirs. Trois défaites, une première en trente-quatre ans pour les Lakers. Coach Mike Brown est viré au bout de cinq rencontres, remplacé par Mike D'Antoni, qui a joué avec le père de Kobe en Italie et qui connaît Steve Nash par cœur pour l'avoir dirigé à Phoenix.

APRÈS KOBE ET SHAQ, KOBE ET DWIGHT

Kobe plante huit fois 34 points ou plus jusqu'à mi-décembre. Huit défaites. Sur les 42 premiers matches, il est le meilleur marqueur de la ligue mais les Lakers rament. 17 victoires, 25 défaites. Les pépins physiques de Nash, Gasol et World Peace n'aident pas. Howard commence à se plaindre dans les médias de ne pas recevoir assez de ballons. Et Bryant le tacle sur son éthique de travail douteuse. Quinze ans et cinq titres après sa première baston avec Shaq, Bryant rejoue la même tragédie, avec un partenaire différent. Pourtant, une autre voie se dessinait. Les dix premiers matches où il prend 15 tirs ou moins ? Dix victoires. Sur la saison, cela arrive dix-huit fois pour un bilan extrêmement positif (16v-2d).

Bryant n'avait aucune intention de partager. Les qualités qui l'ont amené au sommet du monde entre 2008 et 2010 – une équipe a absolument besoin d'un patron et d'une hiérarchie claire – sont également celles qui l'ont empêché d'accepter par la suite le moindre recul dans son statut de superstar NBA. Évidemment, il désirait un sixième titre NBA très fort. Mais de là à accepter de prendre moins de tirs, de marquer moins de points, de faire briller un coéquipier comme Dwight Howard, alors capable de le menacer dans son leadership ?

KOBE AUX 1 000 VISAGES

Mike D'Antoni n'est pas Phil Jackson. Il n'a pas le même charisme ni le même palmarès. Pourtant, il a tenté plusieurs choses, en agissant intelligemment. Plutôt que de se mettre au milieu des tensions entre Howard et Bryant, il a challengé l'ego et l'orgueil de Kobe en lui demandant deux choses, espérant que ces nouvelles prérogatives l'amèneraient à lever un peu le pied sur les tickets de tirs consommés. Un, il lui donne la responsabilité d'arrêter le meilleur attaquant de l'équipe adverse. Le 24 des Lakers prend la chose à cœur, comme toujours. Deux, D'Antoni le responsabilise, plus seulement au scoring mais également sur l'animation offensive. Bryant devient le véritable meneur de jeu.

Le résultat est saisissant. La semaine précédente, du 18 au 24 janvier 2013, Bryant a pris 102 tirs en quatre rencontres. Peu de rebonds, peu de passes, 35,2 % aux tirs et quatre défaites. Du 26 janvier au 2 février, il s'est métamorphosé. En cinq matches, il tourne à 16,6 points (48,4 %), 8,6 rebonds et 11,2 passes. Un autre joueur. Résultat ? Quatre victoires et une défaite. Le quintuple champion a réduit de moitié ses tirs (25,5 à 12,8). Il se réinvente, relance l'équipe puis... opère à nouveau un virage radical. Fin février, il enquille à nouveau cinq matches entre 21 et 27 tirs pris par rencontre (40 points, puis 38, 29, 33, 34 et quatre victoires, une défaite). Déroutant. Ses coéquipiers et son coach sont perdus. Le groupe est démobilisé. L'expérience *superteam*, comme en 2003-04 avec Gary Payton et Karl Malone, est un échec.

L'association avec le MVP de 2005 et 2006 Steve Nash ne fonctionnera jamais. Problèmes de santé et d'alchimie.

Une Dream Team : Bryant, Dwight Howard, Steve Nash, Pau Gasol
et Metta World Peace (absent sur la photo) et pourtant pas de résultats.

AU SOMMET PUIS L'ACCIDENT

Alors pour finir, Bryant se donne comme jamais pour amener ses Lakers en phase finale. L'effort est vraiment remarquable. Il n'a alors peut-être jamais été aussi fort individuellement. Il est partout, il défend, il passe, il se bat au rebond, il shoote à n'en plus finir. Il ne sort même plus sur le banc pour souffler et on comprend alors que son coach ne décide plus de rien car la cadence que Kobe entend s'infliger est une folie. Fascinant. Il est dans le rôle qu'il préfère, le seul qu'il ait jamais envisagé. Celui de l'homme fort, du sauveur, de super-héros. La réalité – un tendon qui lâche – le rattrape.

Dwight Howard a compris. Il veut partir et sera transféré à Houston à l'été. Les Lakers ne parviendront plus à attirer de joueurs de gros calibre. Il est évident pour toute la NBA que Bryant ne lâchera jamais le leadership à qui que ce soit. Paul George, Kevin Love, plusieurs rumeurs circulent mais rien ne se concrétise. « La plupart des gars ne veulent pas jouer avec Kobe », synthétise Jared Dudley en 2015. « Parce que parfois, il décide de ne pas faire de passes, puis il se met à trop passer, puis il cherche à faire un triple double à chaque match... » Impossible pour les Lakers de reconstruire un nouveau cycle. Kobe reste maître à bord mais le navire sombre alors avec le capitaine.

« Mother Fucking Asshole »

En 2014, Gotham Chopra réalise un documentaire sur Kobe Bryant. Il interroge notamment des anciens coéquipiers et leur demande de définir Bryant en trois mots. La réponse de Steve Nash, pourtant un des personnages les plus gentils et bienveillants de l'histoire moderne de la NBA ? « Mother Fucking Asshole ! » La traduction impliquerait une telle grossièreté qu'on vous laisse imaginer ce qu'il y a de pire. Kobe l'apprend et éclate de rire. Lui-même se définit souvent avec le dernier de ces trois mots.

WEST
8
ALL-STAR
DUNCAN
21
SPALDING

LE JOUEUR LE PLUS MARQUANT DE SA GÉNÉRATION

BRYANT ET TIM DUNCAN ONT DOMINÉ LA CONFÉRENCE OUEST ET LA NBA PENDANT QUINZE ANS. APRÈS LE RÈGNE DE MICHAEL JORDAN ET AVANT L'AVÈNEMENT DE LEBRON JAMES, ILS ONT ÉTÉ LES DEUX MEILLEURS JOUEURS DE LEUR GÉNÉRATION. DEUX SUPERSTARS TRÈS DIFFÉRENTES. QUI ÉTAIT LE MEILLEUR ? QUI ÉTAIT LE PLUS MARQUANT ?

« Vous me demandez si le fait que Tim [Duncan] gagne un sixième titre me convient ? Non, ça ne me convient pas du tout. » Été 2014, Kobe Bryant se déplace pour la Coupe du monde de foot au Brésil mais n'échappe pas aux questions sur le basket. Tim Duncan vient de remporter son cinquième titre avec les Spurs. Et la démonstration de la puissance collective de San Antonio a été telle qu'ils sont favoris à leur succession pour 2015. Un sixième titre pour le Spur enterrerait définitivement le débat sur l'identité du meilleur joueur de cette génération. Deux monstres sacrés, deux rivaux aux palmarès si proches (voir encadré p.98) et aux personnalités si opposées. Un duel fantastique.

Tim Duncan a deux ans de plus que Kobe mais n'est arrivé en NBA qu'un an après, en 1997, après un parcours complet de quatre années à l'université de Wake Forest. « Je ne savais pas quoi attendre de la NBA, je ne savais pas si j'allais être bon », a admis plus tard Duncan. L'exact inverse de Bryant. Tout les oppose, de leurs débuts jusqu'à leurs adieux. Sobriété absolue pour Duncan, tournée de rock star pour la dernière saison de Bryant. État d'esprit, position sur le terrain, capacité à produire des *highlights* et même la nature de la franchise dans laquelle ils évoluent. Les paillettes de Los Angeles, immense marché, face à l'entreprise de tracteurs de Peter Holt, propriétaire des Spurs dans une ville moyenne du Texas.

JE NE SAVAIS PAS QUOI ATTENDRE DE LA NBA, JE NE SAVAIS PAS SI J'ALLAIS ÊTRE BON.

Tim Duncan

Kobe Bryant et Tim Duncan se sont affrontés toute leur carrière pour la suprématie sur la conférence Ouest.
Le Spur était objectivement meilleur mais Kobe a été le joueur le plus important de leur génération.

Ils ont bâti un palmarès similaire et affiché une fidélité identique à leur franchise de toujours.

Deux joueurs dominants des deux côtés du terrain.

Duncan a joué le titre jusqu'au bout en acceptant de ne plus être la star de son équipe. Kobe a fait un autre choix.

Le duel en stats

Kobe Bryant		Tim Duncan
5	Titres	5
7	Finales disputées	6
1	MVP de la saison	2
2	MVP de la finale	3
18	All-Star	15
4	MVP du All-Star Game	1
11	Meilleur cinq	10
9	Meilleur cinq défensif	8

DEUX TUEURS

Bryant et Duncan partageaient pourtant entre les lignes des similarités fondamentales. « C'était un tueur, plus que ce que pouvaient s'imaginer les gens », a confié Bryant en 2016 au moment de leurs retraites respectives. À deux, ils ont joué 13 finales pour 10 titres en 16 saisons entre 1999 et 2014. La conférence Ouest et toute la NBA ont vécu au rythme de leurs affrontements en playoffs. « J'adorerais croiser à nouveau leur route, ajoutait Kobe en 2014. Ces séries comptent parmi mes meilleurs souvenirs. » Les Spurs l'ont emporté en 1999, 2003 et 2013. Les Lakers en 2001, 2002, 2004 et 2008. Deux hommes restés fidèles à leur franchise de toujours.

Ils étaient également de féroces défenseurs. Et des coéquipiers très durs, exigeants. Duncan, par exemple, n'a pas adressé la parole une seule fois à Tony Parker lors de la première saison du Français. Il ne croyait pas à ce meneur gamin formé en Europe. À quoi bon lui parler ? Mais parmi la liste des tout meilleurs de l'histoire, combien de gentils garçons ? Magic Johnson peut être, Stephen Curry ? Duncan et Bryant étaient des leaders par l'exemple plus que par le charisme ou l'animation d'un groupe. Enfin, on a souvent opposé le registre technique parfait du Big Fundamental, surnom de Duncan, au

ON DONNE DU CRÉDIT À KOBE BRYANT POUR AVOIR TRIOMPHÉ DE L'ADVERSITÉ. MAIS TIM DUNCAN A SIMPLEMENT ÉVITÉ L'ADVERSITÉ.

Stephen A. Smith, journaliste

jeu flashy de Bryant. Mais ce serait une erreur de considérer que Bryant ne possédait pas un registre exhaustif et parfait de tout le bagage technique d'un joueur de basket.

DE L'IMPORTANCE D'ÊTRE CONSTANT

Ce qui les différencie en revanche fondamentalement, c'est l'appréhension du collectif. Aussi brillant qu'ait été Duncan (24,2 pts, 17,0 rbds, 5,3 pds et 5,3 cts aux Finals 2003), il a toujours été au service de son équipe. « Il m'a autorisé à le coacher », résumait ainsi Gregg Popovich, l'entraîneur des Spurs, qui n'hésitait jamais à hausser le ton dans son groupe en pourrissant Tim Duncan à l'entraînement ou lors d'un temps mort. Duncan est arrivé parfaitement opérationnel en NBA. Il n'a pas vécu le traumatisme d'avoir à s'imposer, en tant que joueur, puis en tant que leader de sa propre équipe, pour vivre au niveau de son ambition. La constance émotionnelle et la régularité dans l'excellence ont été les fondements qui ont permis à San Antonio de construire sereinement et de ne connaître aucun passage à vide. Jamais la franchise n'a raté les playoffs, même si Duncan, blessé, n'a pas pris part à la campagne 2000.

Et quand Duncan a commencé à décliner, il a accepté de prendre un peu de recul – y compris sur le montant de ses contrats – pour laisser s'épanouir des coéquipiers plus jeunes, Parker, Manu Ginobili, Kawhi Leonard, avec qui il a pu gagner un cinquième titre. Ce que Kobe a toujours refusé. Autant de raisons qui font que la carrière de Duncan, qui a joué le titre à chaque saison, est supérieure à celle de Bryant qui a parfois obtenu des résultats collectifs médiocres.

LE SHOW KOBE

« On donne du crédit à Kobe Bryant pour avoir triomphé de l'adversité. Mais Tim Duncan a simplement évité l'adversité », résume le journaliste Stephen A. Smith. Kobe Bryant a contribué à faire exister une bonne partie des conflits dans lesquels il a triomphé. C'était son mode de fonctionnement. C'est également ce qui explique que sa carrière soit si spectaculaire, pleine de drames, de tensions, d'exploits. Kobe était une rock star. Il était adulé comme tel. Sa popularité était sans commune mesure avec celle de Duncan. Son projet de ressembler à Jordan était autrement plus captivant pour le grand public que la capacité de marquer saison après saison des tirs avec la planche. Kobe est sans conteste le joueur le plus marquant de sa génération, après Jordan et avant LeBron. Le plus important. Le plus connu. Celui qui vend des maillots, des baskets, qui booste les audiences et les revenus de la ligue. Mais le meilleur sur un terrain de basket reste Duncan.

« L'héritage ultime de Timmy, c'est qu'il a aidé les Spurs à construire quelque chose de si costaud que cela perdurera après son départ », prophétisait Steve Kerr en 2016. Le départ de Leonard a été un coup très dur en 2018, mais les Spurs étaient en finale de conférence en 2017, l'année suivant l'arrêt de Duncan et en playoffs en 2018 et 2019. Les Lakers retrouvent les playoffs en 2020 avec LeBron James pour la première fois depuis 2013. Kobe a porté les Lakers pendant presque deux décennies, mais cela a pris à la franchise six saisons entières pour se relancer.

L'HÉRITAGE ULTIME DE TIMMY, C'EST QU'IL A AIDÉ LES SPURS À CONSTRUIRE QUELQUE CHOSE DE SI COSTAUD QUE CELA PERDURERA APRÈS SON DÉPART.

Steve Kerr en 2016

SPALDING
24

JUSQU'À LA RUPTURE

VICTIME D'UNE MYRIADE DE BLESSURES, PARTICULIÈREMENT EN FIN DE CARRIÈRE, KOBE BRYANT A CONSTRUIT SA LÉGENDE AU TRAVERS D'UNE RÉSILIENCE DÉPASSANT L'ENTENDEMENT.

Il est à terre, incrédule. Une grimace barre son visage. Kobe Bryant interroge Harrison Barnes, l'ailier de Golden State, qui se tient devant lui. « Tu m'as marché sur le pied ? » Mais entre les deux joueurs, il n'y a eu aucun contact.

Nous sommes le 12 avril 2013. Son tendon d'Achille a lâché. D'une main, l'arrière des LA Lakers tâte avec insistance son pied gauche. La douleur ? Non. Il essayait, confiera-t-il plus tard, de rattacher son tendon, dans l'espoir illusoire de jouer les deux dernières minutes du match. Bryant finit par comprendre, mais il est encore le seul.

On n'a jamais vu quelqu'un se lever et marcher après une rupture du tendon d'Achille. Alors, image surréaliste rétrospectivement, Bryant se lève et marche. Jusqu'au banc de touche, à peine aidé par Pau Gasol. Puis, stoïque, mâchoire serrée, se mordant la lèvre supérieure, il regagne la ligne des lancers francs et inscrit ses 2 derniers points.

C'est seulement une fois au vestiaire qu'il s'effondre, racontera le prépa physique des Lakers Gary Vitti, témoin de ce moment intime où le Black Mamba a réalisé que sa carrière venait de basculer. « Le pire moment de ma carrière, jugera-t-il plus tard. Un des plus sombres. J'ai envisagé d'arrêter, je finissais ma dix-septième année dans la ligue, mon corps commençait à me lâcher. »

Il ne lui faudra que quelques heures pour entreprendre l'ascension de ce qu'il appellera son « Everest ». « Je n'allais pas laisser une blessure me dicter ma sortie. Moi seul pouvais en décider », évoque-t-il dans son livre *Mamba Mentality*.

La résilience de Bryant, sa capacité de résistance à la douleur sont partie intégrante de sa légende. Qui démarre au lycée, quand il se brise le nez lors d'un entraînement avant la demi-finale d'État en 1996. Perturbé par le masque qu'on lui a confectionné, il le fait valdinguer contre le mur du vestiaire avant d'inscrire 39 points et de décrocher la victoire pour Lower Merion. « Le moment est plus important que la blessure. Tu ne sens pas la douleur », explique-t-il dans « Muse », le documentaire de Showtime qui lui est consacré en 2015.

Lors de l'une de nos rencontres avec lui, en février 2012, Bryant répondait à une question sur son poignet blessé (déchirure d'un ligament) et on avait pu observer ses mains de près. Articulations déformées, phalanges gonflées, peau sèche et blanchie. « Je ne fais pas de rééducation. Je joue, et mon poignet se soigne en même temps.

Très régulièrement dans sa carrière, Bryant a joué malgré des blessures. « Le moment est plus important que la douleur », disait-il.

C'est idéal. » Vraiment ? « Regardez, à part ce doigt un peu tordu, mes mains sont à demi-normales, non ? Bon, OK, à demi normales… Je ne pourrais pas être un mannequin des mains », s'était-il esclaffé. Le lendemain, il avait abattu Boston, au TD Garden, avec 27 points.

À l'image de ce poignet qui aurait dû exiger plusieurs semaines d'arrêt, voire une opération, rien ne semblait altérer sa volonté. « La question a toujours été de savoir si la blessure risquait de s'aggraver en jouant. Si ce n'était pas le cas, je gérais la douleur », décrypte-t-il dans *Mamba Mentality*.

En 2008, il avait repoussé puis abandonné une opération à l'auriculaire droit, sur sa main de shoot, dont un ligament était sévèrement touché, pour finir sa saison puis disputer les JO. En décembre 2009, une fracture de l'index droit ne l'avait pas empêché d'aller conquérir son cinquième et dernier titre, contre les Celtics. Il avait dû modifier sa mécanique de tir en utilisant son majeur pour éviter le billard. « L'histoire n'allait pas retenir que l'on n'a pas été champions parce que j'avais un doigt cassé, ironisait-il en 2016 dans *SLAM*. Il ne sert à rien de geindre. Tu cherches la solution. »

La rupture de son tendon en avril 2013 marque tout de même le début de la fin. « Personne n'aurait pu le ramener à la raison et l'empêcher de jouer autant cette saison, estime alors Gary Vitti. Si Jésus était descendu et lui avait dit : "Kobe, tu ne peux pas y arriver", il lui aurait répondu un truc du genre : "Pourquoi tu ne te contentes pas de changer l'eau en vin, de ramener les morts à la vie pendant que moi je gère cette histoire de basket-ball ?" »

De retour en décembre 2013, son genou flanche après six matches et le contraint à une nouvelle rééducation de longue durée. À mi-chemin de son avant-dernière saison, sur un dunk anodin, il se blesse gravement à un tendon de l'épaule droite, nouveau coup dur qui mettra un terme à sa saison. Il refuse pourtant de quitter le parquet. Jette un regard noir à son coach Byron Scott : « J'ai encore ma main gauche, non ? »

12 avril 2013 : le tendon d'Achille de Bryant vient de céder. Sa carrière bascule.

THE LAST DANCE

AVEC 60 POINTS ET UNE VICTOIRE INUTILE MAIS SUBLIME SUR UTAH, LE 14 AVRIL 2016, KOBE BRYANT S'OFFRE UNE SORTIE À SA DÉMESURE.

Pour un final à Hollywood, il fallait un bon scénario, une star, un twist et du spectacle. Amoureux du storytelling, dont il va faire la pierre angulaire de son après-carrière, Kobe Bryant a tout réuni lors de cette ultime soirée sous le maillot des LA Lakers, le 14 avril 2016, lors d'un match sans enjeu contre le Utah Jazz.

Les Angelenos traversent la pire saison de leur histoire (17 victoires-65 défaites), mais les billets se vendent pas loin de 30 000 dollars au marché noir. Les médias comptent 500 accrédités, comme un soir de finale. Kim Kardashian, Kanye West, Jay-Z, Ice Cube, Snoop Dogg, Taylor Swift, Justin Bieber sont au premier rang, et Flea, le guitariste des Red Hot Chili Peppers, joue l'hymne américain. La dernière des vingt saisons de Bryant a pris la forme d'une tournée d'adieu pour rockstar vieillissante – il a 37 ans –, avec embrassades, accolades et vidéos rétrospectives. Son corps, jadis indestructible, ne répond plus. Sur le terrain, il prend pas loin de la moitié de ses tirs derrière la ligne à 3 points, et peine à atteindre les 17 unités de moyenne, en shootant à 35 %.

Alors que trois ans plus tôt, il joue le basket le plus abouti de sa carrière, encore entouré d'une escouade en mesure de créer la surprise, huit mois, le temps de sa rééducation après sa rupture de l'Achille, ont suffi à transfigurer ses Lakers, dont le vestiaire se vide progressivement. Ils ne disputeront plus les play-offs avant 2020 et l'avènement de l'ère LeBron James.

La descente aux Enfers semble inexorable, jusqu'à cette ultime soirée d'avril, son 1 566e match NBA, qui débute comme dans un cauchemar. « C'était indescriptible, racontait le joueur à *L'Équipe* en octobre 2017. Je me souviens avoir raté mes huit premiers shoots (cinq en réalité). C'était hilarant. (*Il s'arrête et sourit.*) J'ai vraiment pensé que ça allait être le pire dernier match de tous les temps... ou le plus grand retournement. J'ai décidé d'en rire et de choisir la seconde option. Comme s'il n'y avait aucun lendemain. »

L'impensable se produit. Le Staples Center est transporté dix ans en arrière. Après sa série d'échecs, Kobe semble voler pour contrer Trevor Booker, enchaîne par un tir en cloche qui trouve la cible ; puis un shoot à reculons ; puis une pénétration avec la faute. L'histoire est en marche. Le public balance entre l'euphorie et les larmes. « Ce n'est pas possible, c'est monté de toutes pièces », s'étouffe l'ancien coach et réputé analyste Hubie Brown à l'antenne.

Comme dans un film, dominés par le Jazz (88-96 à 90 secondes du buzzer), les Lakers reviennent et l'emportent (101-96) sur les épaules de leur légende qui enchaîne les exploits individuels irrationnels et à qui, pour une fois, personne ne reprochera de ne pas avoir fait de passes décisives (4 ce soir-là). Ses coéquipiers lui donnent tous les ballons. En 42 minutes, Bryant décochera 50 tirs – record dans l'histoire sur un match. « Il m'aurait fallu quatre mois, dans n'importe quelle équipe, pour prendre 50 shoots. Cet enfoiré l'a fait en une soirée », s'esclaffe Horace Grant.

Bryant en convertit 22, dont 6 tirs à 3 points et atteint la barre inimaginable des 60 points. Jusqu'à ce jour, aucun Hall of Famer n'avait dépassé les 30 pour sa dernière, aucun joueur de plus de 32 ans n'avait atteint cette marque. « C'est comme si on m'y avait forcé. La foule, et mon équipe », racontera-t-il à ESPN. « La fin idéale aurait été un titre », ajoute-t-il.

UNE SORTIE À SON IMAGE, MAJESTUEUSE, CHAOTIQUE, CONTRADICTOIRE, ENTIÈRE.

Un parfait concentré de sa carrière. Comme une ode à sa démesure. « À la fin, je ne pouvais plus marcher. Les jambes ne me portaient plus. Mes genoux, mes chevilles, mes épaules, tout était douloureux. Mais c'était le dernier... », glissait Bryant à *L'Équipe*. L'icône avait depuis longtemps planifié le programme de la journée qui suivrait sa dernière danse. Au programme : café, église – « Après vingt ans, il faut savoir dire merci » –, bureau puis, entouré de sa femme et de ses filles, un long après-midi à Disneyland.

IL M'AURAIT FALLU QUATRE MOIS, DANS N'IMPORTE QUELLE ÉQUIPE, POUR PRENDRE 50 SHOOTS. CET ENFOIRÉ L'A FAIT EN UNE SOIRÉE..

Horace Grant

Avant de prendre feu, lors de son dernier match, Bryant rate ses cinq premiers tirs de la soirée.

Le Staples Center célèbre la dernière de son icône. Orgie de points (60), explosion de confettis et hommages en tout genre au programme.

LAKER FOR LIFE

IL N'AURAIT PAS DÛ DÉBUTER SA CARRIÈRE CHEZ LES LAKERS. IL AURAIT PU EN ÊTRE TRANSFÉRÉ PLUSIEURS FOIS. MAIS LE LIEN IMMANENT QUI UNISSAIT KOBE BRYANT À LA CITÉ DES ANGES, LE DESTIN ET LA VOLONTÉ DE QUELQUES HOMMES S'EN SONT MÊLÉS.

« Mon sang est pourpre et or. Je suis un Laker pour la vie. » Kobe Bryant a beau jeu, en 2015, à quelques mois de la fin de l'histoire, de tresser l'élégie de son idylle de vingt ans avec Los Angeles. Celle-ci aurait pu ne jamais voir le jour. En 1996, les LA Lakers sont obsédés par le recrutement d'un joueur apte à perpétuer une tradition qui, de George Mikan à Wilt Chamberlain, Kareem Abdul-Jabbar – et, après eux, Pau Gasol et Anthony Davis –, a fait des *big men* dominants la pierre angulaire de ses succès. Les dirigeants tentent alors d'enrôler Shaquille O'Neal. Kobe n'est pas sur les radars. « On n'y a songé qu'après coup. Aller chercher un joueur de lycée ne se faisait pas trop », admettra Jerry West, le general manager, qui se révélera pourtant l'architecte de l'un des plus gros coups de l'histoire de la draft.

Au même moment, le natif de Philadelphie s'annonce prêt pour le grand saut. Il se verrait bien marcher dans les pas de son père Joe chez les Sixers. Mais, dotés du premier choix, ceux-ci sélectionnent le phénomène Allen Iverson. Bryant a grandi dans l'adoration du Showtime et de Magic Johnson. Il admire aussi Elgin Baylor et Jerry West, ses « muses ». Mais les Lakers n'ont que le 24e choix. Il n'y songe même pas. Jusqu'à l'intervention de son agent Arn Tellem, proche de West, qui lui intime d'accorder à Bryant un work-out. Michael Cooper, ancien lieutenant de Magic, quintuple champion et défenseur de l'année en 1987, joue les sparring. Bryant le découpe méthodiquement. La légende raconte que West, après 2 minutes, dira : « J'en ai vu assez. » « C'était plutôt 10 minutes, sourit l'intéressé. Ce n'est pas un garçon de 17 ans, point. Il est l'un des prospects les plus excitants vus depuis une éternité. »

S'ensuit un savant jeu de dupes. West récupère le 13e choix de Charlotte en échange du pivot serbe Vlade Divac. Tellem joue les intimidateurs avec les équipes qui ont un œil sur sa pépite, particulièrement New Jersey, laissant entendre que Bryant préférera partir en Italie plutôt que de les rejoindre. Enfin, West se charge de calmer Divac, qui, furieux en apprenant qu'il va être échangé contre un lycéen, menace de prendre sa retraite. « Je serais devenu l'homme le plus détesté de Los Angeles, en plaisante-t-il en 2016. Moi-même, aujourd'hui, je m'échangerais contre Kobe. » Bryant enfile enfin le maillot pourpre et or. Mais il aurait pu quitter les Lakers avant même son premier titre. En 1999, Shaquille O'Neal, patron du vestiaire, en guerre larvée avec le gamin, met la pression à ses dirigeants pour s'en séparer. Un deal contre Grant Hill est sur la table. Phil Jackson résiste à la tentation. Il sera récompensé de trois sacres de rang, de 2000 à 2002.

Si le Shaq ramasse les titres de MVP des finales, c'est Bryant qui devient la véritable icône, l'âme de Los Angeles. « Jerry Buss [ex-propriétaire des Lakers, disparu en 2013] était fasciné par Kobe, son flair, son éclat, raconte le journaliste J.A. Adande dans la biographie *Showboat*. Il avait tout vu, et pourtant Bryant continuait de l'éblouir. Los Angeles préférait aussi Kobe. C'est une ville où malgré le glamour, il est très difficile de réussir. Elle s'identifiait à son éthique de travail. » Les fresques murales en son honneur et celui de Gianna, qui ont surgi spontanément dans les jours qui ont suivi leur tragique disparition, en sont le témoin ardent.

Très tôt, Buss confie à son protégé qu'il le voit comme un « Laker for life ». En 2004, quand la guerre d'egos entre Kobe et Shaq atteint son paroxysme – Kobe, croyant son avenir scellé, s'était mis à la recherche d'une maison à Chicago –, Buss lui remet les clés de la franchise en virant Phil Jackson et O'Neal. Bryant signe un contrat de 136 millions de dollars sur sept ans, assorti d'une clause de non-transfert. Traduction : le joueur a un droit de veto contre tout échange le concernant.

Il renoncera à cette clause en 2007, quand, au pic de sa carrière, les Lakers au point mort, il réclame, une fois encore, de rejoindre les Bulls. Buss le convainc que sa place est à LA, pour toujours. Six mois plus tard, Pau Gasol débarque, ouvrant la voie aux sacres de 2009 et 2010.

Bryant n'envisagera plus jamais sérieusement de quitter Los Angeles. Qui le remerciera avec un dernier contrat surréaliste de 48 millions de dollars sur deux ans alors que les Lakers plongent sportivement et que leur étoile, encore en pleine rééducation suite à sa rupture du tendon d'Achille, est sur le déclin.

Il achève sa carrière comme meilleur marqueur de l'histoire de la franchise, en saison comme en playoffs, et devient le Laker ayant le plus de matches et de minutes au compteur. Le seul dont deux maillots sont suspendus aux cimes du Staples Center, ses numéros 8 et 24. « Ce qui compte, dira-t-il, ce ne sont pas mes jerseys. Sans ceux qui m'ont inspiré, les Magic, Abdul-Jabbar, Shaq, Baylor, Chamberlain, Goodrich, West, Worthy... je ne serais pas là. » Et Magic Johnson de conclure : « Il est le plus grand à avoir porté ces couleurs. »

Bryant est devenu le premier joueur à voir ses deux numéros de maillot retirés par une même équipe.

À LA TABLE DES PLUS GRANDS

« Mamba out. » Le Mamba s'efface. Les derniers mots de Kobe Bryant au public qui l'a adulé pendant vingt ans.

Peu de géants du jeu ont généré autant de débat autour de leur place dans l'histoire que Kobe Bryant, vénéré comme un demi-dieu par ses fans pour son éthique de travail et ses accomplissements – cinq titres, deux ors olympiques, dix-huit fois All-Star, onze sélections dans le cinq majeur de l'année, neuf dans le meilleur cinq défensif –, conspué par ses détracteurs, qui vont jusqu'à le traiter d'imposteur, dénonçant un shooteur moins efficace qu'un Michael Jordan, son étalon, et qui aurait profité de la présence de Shaquille O'Neal pour glaner ses trois premiers titres.

La réalité est d'abord que les icônes de la NBA n'ont jamais travaillé seules – Jordan avait Scottie Pippen, Magic évoluait avec Kareem Abdul-Jabbar. Ensuite, si l'on excepte ses trois dernières années, pourries par les blessures, ce qu'a réussi Bryant en dix-sept ans, en termes de longévité au très haut niveau, n'a quasiment pas d'équivalent. Il a été très jeune une pièce majeure d'une équipe réalisant un triplé (2000-2002), puis été capable d'atteindre une nouvelle fois l'Everest (2009 et 2010) dans un rôle de leader avec de nouveaux coéquipiers. Dans l'intervalle, il avait atteint, grâce à une précision technique sans équivalent – Jordan compris –, des cimes individuelles inimaginables, symbolisées par un match à 81 points que beaucoup placent au-dessus des 100 points de Wilt Chamberlain, et offert la rédemption à Team USA en 2008 à Pékin. Dominé sur le plan statistique et dans le leadership par deux de ses contemporains, Tim Duncan et LeBron James, Bryant a pourtant plus marqué son époque. Si son absolutisme et son jusqu'au-boutisme ont pu aliéner ses coéquipiers et altérer la capacité à construire des équipes autour de lui, il s'est révélé sans grande contestation possible le meilleur arrière du jeu juste derrière la référence Jordan. Pour nous, il intègre même le top 10 de l'histoire de la NBA.

Top 10

1. Michael Jordan
2. Kareem Abdul-Jabbar
3. Bill Russell
4. LeBron James
5. Magic Johnson
6. Wilt Chamberlain
7. Tim Duncan
8. Larry Bird
9. Kobe Bryant
10. Shaquille O'Neal

2016-2020 : LE MONDE D'APRÈS...

LE DERNIER CHAPITRE

OSCARISÉ POUR LE COURT-MÉTRAGE *DEAR BASKETBALL*, AUTEUR, RÉALISATEUR, ENTRAÎNEUR, LOBBYISTE, CONSULTANT, ENTREPRENEUR... KOBE BRYANT S'EST JETÉ DANS L'APRÈS-CARRIÈRE AVEC LA MÊME OBSESSION ET LE MÊME SUCCÈS QUE DANS LE BASKET PROFESSIONNEL.

Après la gloire, les bagues de champion, l'ivresse de la toute-puissance sur le parquet, on lui avait promis l'enfer. Un manager général NBA avait un jour déclaré s'inquiéter pour Kobe Bryant. Selon lui, il vivait le basket avec une telle intensité que la retraite l'anéantirait. Tandis que « Michael Jordan, lui, avait au moins le golf et les cartes ».

Interrogé par *L'Équipe*, l'ex-arrière des Lakers avait eu cette réponse cinglante : « Analyse médiocre, réductrice. Le basket ne suffit pas à me définir. Pendant ma dernière saison, tout le monde me demandait ce que j'allais faire. On me parlait de dépression. Dépression ? Mec, j'arrête juste de jouer ! »

MICHAEL JORDAN, LUI, AVAIT AU MOINS LE GOLF ET LES CARTES.

Un manager général NBA

« Mamba out ». Ainsi Bryant concluait-il son discours d'adieu, le 13 avril 2016, l'index et le majeur de la main droite posés sur ses lèvres pour un ultime baiser au public, la gauche déposant le micro sur les planches d'un Staples Center en ébullition, conquis et bouleversé. Le gimmick sera repris par Barack Obama face à la presse étrangère – « Obama out ». Ce qu'il allait faire « après »? Il y travaillait déjà depuis des années.

« JE ME SENS OBLIGÉ DE PROUVER QUE JE PEUX FAIRE QUELQUE CHOSE DE GRAND DANS UN AUTRE DOMAINE. »

Comme décrocher un Oscar ? Check. Le 4 mars 2018, il devient le premier sportif à être appelé sur la scène du Dolby Theater de Los Angeles pour se voir remettre une statuette... Son premier projet, après avoir remisé les baskets au placard, avait été de donner vie, sous formede court-métrage d'animation, à « Dear Basketball », l'émouvant poème

| Kobe Bryant congratule Glen Keane, l'ancien gourou de chez Disney qui a animé son poème d'adieu au basket, *Dear Basketball*.

autobiographique d'au revoir au jeu qu'il avait rédigé en 2015. On y voit ses rêves d'enfant, quand il mimait les shoots de ses idoles avec des chaussettes roulées en boule, une poubelle en guise de panier, prendre corps au travers d'images marquantes de sa carrière dessinées au graphite.

Depuis 2008, Bryant entretient une relation avec John Williams – compositeur des thèmes de *Superman*, *Star Wars* –, qu'il a lui-même démarché. « Je voulais comprendre ce qui rend ses compositions intemporelles, implémenter ça dans mon jeu, éclaire Bryant dans le *LA Times* en 2017. Une œuvre artistique présente bien des similitudes avec un match. Tu dois en comprendre la structure, comment le momentum se construit pour pouvoir le contrôler, l'infléchir. » Il enrôle Williams pour mettre ses strophes en musique.

Pour l'animation, il sollicite Glen Keane, historique de chez Disney, avec qui il partage une admiration pour Beethoven. Keane se rend au Japon pour en ramener l'un des pinceaux du maître Hayao Miyazaki. Tout est composé, dessiné à la main. « L'animation de la « Belle et la Bête » était calquée sur la Neuvième Symphonie. Kobe m'a raconté avoir façonné l'une de ses performances en finale et son plan de jeu en s'inspirant des rythmes de la Cinquième », s'émerveille Keane. Bryant enregistre son poème porté par l'orchestre philharmonique de Los Angeles. Le résultat est ébouriffant. « Le storytelling, pouvoir inspirer les gens au travers de personnages de fiction, est quelque chose qui me fascine », expliquera celui, qui, depuis les bancs d'école, a développé un goût et un talent pour la prose et les rimes – il suit un cours d'écriture créative au lycée. Au point de monter un groupe de hip-hop – CHEIZAW –, acronyme inspiré d'un film de kung-fu. Sous le pseudo « Eighth Man », il se livre à des battles de rap avec un brio certain, malgré le bide qu'il vivra au All-Star Game 2000, quand il prendra le micro en public.

Il abandonne vite l'idée d'une carrière musicale, mais en gardera un souvenir précieux : c'est sur un plateau voisin de celui où il tournait un clip vidéo, qu'il a rencontré sa future femme Vanessa, en 1999.

Bryant est devenu le 4 mars 2018 le premier ancien sportif de haut niveau à décrocher un oscar, pour son court-métrage.

PODCASTS, LIVRES POUR ENFANTS ET JEUNES ADULTES, ÉMISSIONS TV...

Son court-métrage, produit par sa société de production Granity Studios, n'est qu'un exemple parmi les dizaines de projets qu'il initie pour infiltrer le monde de l'entertainment. Il lance un podcast et une série de livres pour enfants qui intègrent la liste des best-sellers du *New York Times*, des ouvrages pour jeunes adultes sur la résilience et les dangers qui parsèment la carrière de sportif... Pour ESPN, il conçoit « Detail », programme où il décrypte et déconstruit, image par image, à sa manière obsessionnelle, les performances des superstars en play-offs.

Le nombre

680

En millions de dollars, la valeur totale estimée de l'argent gagné par Kobe Bryant, selon Forbes, au cours de sa carrière. Le chiffre comprend les salaires, ainsi que les contrats de publicité et les partenaires commerciaux avec qui il s'est engagé.

« Kobe était une légende de son sport, et n'en était qu'aux premières lignes d'un second acte qui s'annonçait tout aussi inspirant », témoigne Barack Obama après sa disparition. « Il était beaucoup plus qu'un athlète », ajoute l'icône des Lakers Kareem Abdul-Jabbar.

Bryant ne voulait pas, à l'image d'un Michael Jordan, s'y reprendre à trois fois avant de raccrocher définitivement. Dès sa blessure au tendon d'Achille, en 2013, il réfléchit à la suite.

Il contacte des auteurs comme JK Rowling (Harry Potter), des réalisateurs tels JJ Abrams (*Mission : Impossible*, *Star Wars*...) ou Darren Aronofsky (*Requiem for a Dream*, *Black Swan*...), visite des plateaux de tournage, s'invite dans les salles d'écriture des scénaristes. Quand il apprend que Jordan possède des rushs de sa dernière saison avec les Bulls – qui donneront naissance à « The Last Dance » –, il appointe une équipe vidéo pour documenter sa fin de carrière.

KOBE ÉTAIT UNE LÉGENDE DE SON SPORT, ET N'EN ÉTAIT QU'AUX PREMIÈRES LIGNES D'UN SECOND ACTE QUI S'ANNONÇAIT TOUT AUSSI INSPIRANT.

Barack Obama

Entouré de femmes – son épouse Vanessa et ses quatre filles –, le « Girl Dad » peut aussi, enfin, se concentrer sur celles qui ont tout sacrifié pour lui permettre d'accomplir son destin sportif. Il privilégie les matches de volley de son aînée Natalia aux duels Lakers-Clippers, lance la Mamba Academy où il coache la regrettée Gianna, et se mue en lobbyiste forcené du basket et plus généralement du sport féminin.

Dans le même temps, il s'attelle, avec le photographe Andrew Bernstein, à la rédaction et la réalisation du livre *Mamba Mentality*, ode à son éthique de travail et ses mentors.

Dans un mouvement subtil, avec sincérité, mais aussi une dose de cynisme, l'ex-joueur, autant adulé que critiqué pour ses travers égotistes et son caractère hermétique et cannibale pendant sa carrière, modifie la grille de lecture du monde extérieur. Dans le nouvel arc narratif qu'il a élaboré, l'ancien leader isolé, impitoyable avec ses coéquipiers, devient un guide, un prescripteur, armé de sa « Mamba Mentality » dont les préceptes sont désormais prêchés autant dans les gymnases que dans les grandes entreprises. Certaines de ses phrases – « Les amis sont de passage, les bannières de champion sont là pour toujours » – ont même été déposées par Kobe Inc., l'entreprise qui gère son business.

Bref, Kobe Bryant continuait d'écrire l'histoire. Son histoire, selon ses règles, comme sur le parquet. Mais cette fois, il acceptait d'être accompagné. Dans ce monde d'après qu'il commençait à peine à appréhender, dont il ouvrait chaque nouvelle porte avec avidité, il avait l'air épanoui et heureux, comme jamais. Et surtout, il n'était plus seul.

DANS LES YEUX DE GIANNA

GIANNA MARIA-ONORE BRYANT, DÉCÉDÉE DANS L'ACCIDENT D'HÉLICOPTÈRE DU 26 JANVIER, AVAIT UN DESTIN TOUT TRACÉ : REPRENDRE LE FLAMBEAU ET POURSUIVRE LA MISSION DE SON PÈRE.

Elle n'avait que 13 ans. Cela en faisait dix, au moins, que l'on s'était habitué à voir sa silhouette suivre les pas de son père comme une ombre, du podium de la salle de presse après son ultime titre NBA en 2010, puis à ses côtés, bonnet sur sa longue chevelure noire aux reflets platine, au premier rang du Staples Center ou de la State Farm Arena d'Atlanta, où elle venait voir évoluer Trae Young, son joueur préféré.

Gianna Maria-Onore, deuxième des quatre filles de Kobe Bryant (l'aînée Natalia, 17 ans, Bianka, 3 ans et Capri, 1 an), avait les mêmes traits, les mêmes yeux étirés en amande et, surtout, la même obsession du jeu que son champion de père.

Inséparables, les deux, ainsi que sept autres proches, se rendaient à la Mamba Academy pour un match de « Gigi » le matin du drame. Kobe Bryant racontait avoir arrêté de regarder du basket après sa retraite. C'est la passion insatiable, les questions incessantes de sa fille qui l'ont naturellement ramené sur les terrains. Et sur le banc puisqu'il coachait l'équipe de Gianna. « C'est fou de voir ses expressions, et comment marche la génétique », souriait-il, papa gâteau. « Le truc que je préfère, c'est quand on sort, qu'elle se tient à côté de moi et que des fans viennent me voir et me disent : "Hey Kobe, il faut que tu fasses un garçon, pour porter ton héritage" », ajoutait, hilare, Bryant sur le plateau de Jimmy Kimmel. « Elle les reprenait de volée. "Pas besoin de garçon. Je gère !" » Elle ne plaisantait pas. Les compilations de ses matches ne trompent pas. La technique, les mimiques, l'assurance, le regard. Tout, jusqu'à son surnom, « Mambacita », rappelait sa filiation. « Qui maîtrise le tir en fade-away à 11 ans ? LeBron en est à peine capable », plaisantait – à moitié – la légende Diana Taurasi lors de l'hommage aux disparus du 24 février.

Gianna rêvait de l'université de Connecticut, la plus titrée en NCAA (11 couronnes), où sont passées les plus grandes – « White Mamba » Taurasi, Sue Bird... – et de son coach Geno Auriemma (à U-Conn depuis 1985, mais aussi triple champion olympique et double champion du monde avec Team USA). En mars 2019, Gianna avait visité le campus des Huskies.

Son destin vers la WNBA était tout tracé. « Nous porterons l'héritage de Gigi », a juré Taurasi, avant de conclure en espagnol : « Los angeles nunca mueren. » Les anges ne meurent jamais.

INSÉPARABLES, LES DEUX, AINSI QUE SEPT AUTRES PROCHES, SE RENDAIENT À LA MAMBA ACADEMY POUR UN MATCH DE « GIGI » LE MATIN DU DRAME.

Son père a compris très tôt que Gianna Bryant avait en elle la même nature compétitive et obsessionnelle que lui.

LE TÉMOIN

GABBY WILLIAMS

« KOBE ET GIGI ALLAIENT FAIRE CHANGER LE BASKET FÉMININ DE DIMENSION . »

Gabby Williams, ancienne star de Connecticut et joueuse de Montpellier, était devenue une proche de la famille Bryant.

Un M majuscule cerclé d'un black mamba sur le pied droit, le visage de Gigi sur le gauche. En cette saison WNBA 2020, Gabby Williams a chaussé des sneakers siglées Kobe Bryant, customisées en l'honneur de deux personnes chères à son cœur. L'ailière franco-américaine (1,80 m, 23 ans), ancienne joueuse de Montpellier, grande fan du PSG et ancienne star de l'université de Connecticut (double championne NCAA), était la joueuse préférée de Gianna. Sollicitée par la famille Bryant, elle en était devenue proche au fil du temps. Elle partage ce qui rendait cette relation si précieuse.

Comment avez-vous rencontré les Bryant ?

Gigi était fan de U-Conn, où je jouais (2014-2018). Elle voulait l'intégrer. Kobe regardait les matches avec elle. Et comme il connaissait le coach Geno Auriemma, il nous appelait par FaceTime avant les matches dans le vestiaire pour nous encourager. Gigi, à ses côtés, faisait le show. Il voulait qu'elle ressente la préparation d'un match de haut niveau. Un soir, lors d'un match à UCLA, je l'ai rencontré pour la première fois en personne avec Vanessa et Gigi. Après le match, il avait laissé une surprise dans le vestiaire, Bianka, encore bébé, dans son berceau. Puis il est sorti de nulle part. Quand j'ai appris que j'étais la joueuse préférée de Gigi, et que Kobe parlait de moi avec mon coach, s'intéressait à mon jeu, c'était un truc de fou. C'est bizarre, parce qu'il était l'un de mes héros. Tu te dis : mais pourquoi il s'intéresse à moi ?

Peu à peu, vous vous êtes rapprochés.

En septembre 2018 après ma première année en WNBA avec Chicago (j'ai donné mon uniforme du Sky à Gigi), mon coach perso Alex Bazzell m'a proposé de venir à la Mamba Academy (dont il entraîne les filles), à Thousand Oaks. J'ai revu Gigi, Alyssa (Altobelli, également décédée dans l'accident). Je voulais faire des shoots avant l'entraînement. Kobe débarque, me demande si je veux faire une séance. On s'est mis au travail avec lui et Candace Parker. Je suis revenue plusieurs fois, quand je ne jouais pas en Europe.

Kobe est-il aussi maniaque qu'on le raconte ?

C'est fou ce qu'il tire d'un simple shoot à reculons. Il nous a montré, fait répéter. Puis il rentre dans une démonstration scientifique sur pourquoi plier les genoux comme ça, trouver la bonne vitesse d'exécution, de rotation, comment orienter tes hanches, ton coude. Il y a une telle concentration sur les détails.

Qu'est-ce qui vous a marquée chez Gigi ?

Son sourire. Elle était comme les enfants de son âge, mais avec ce feu pour le jeu et le travail, exactement comme son père. Elle adorait comprendre, passait des heures sur le même tir pour le maîtriser. Sur le terrain, son visage se fermait, elle devenait une tueuse. Puis après le match, elle redevenait une ado, vous auriez pu la voir faire une danse sur TikTok. Au-delà, il y avait cette certitude. Elle allait devenir pro. Elle avait ce truc en plus, tu le ressentais immédiatement. J'ai la conviction qu'elle serait devenue la meilleure joueuse de WNBA.

Ancienne star de la réputée université de Connecticut, Gabby Williams, joueuse préférée de Gianna Bryant, est passée par Montpellier lors de la saison 2019-2020.

Kobe Bryant était engagé pour le basket féminin…

Ce qu'il faisait était énorme. Lui et Gigi allaient faire changer la WNBA de dimension. Encore aujourd'hui, le sport féminin n'est pas assez respecté. Sur Twitter, à la télé. Mais ça va grandir. Kobe travaillait pour rendre ça cool aux yeux du monde.

Quelle empreinte laissera-t-il ?

Il était l'âme de Los Angeles. On peut discuter de qui est le plus grand joueur de l'histoire, mais si on parle d'inspiration, je pense qu'il est celui qui a eu le plus d'influence sur ceux de sa génération. La Mamba Mentality, l'état d'esprit de devenir la meilleure version de toi-même, parle à tous et ça restera pour toujours.

TOP 10
DES MATCHES DE KOBE BRYANT

81 pour l'éternité

Les matches exceptionnels de Kobe sont innombrables. Voici notre sélection – discutable, évidemment – de ses dix plus grandes performances.

1 23 JANVIER 2006, LOS ANGELES BAT TORONTO 122-104

Stats : 81 points (28/46 dont 7/13 à 3 pts et 18/20 aux LF), 6 rebonds, 2 passes et 3 interceptions en 42 minutes.

Le deuxième meilleur total offensif en NBA. Une performance unique dans l'histoire du basket moderne. Un vrai match avec un enjeu où Kobe renverse le cours d'une rencontre mal embarquée pour son équipe. Fascinant.

2 14 AVRIL 2016, LOS ANGELES BAT UTAH 101-96

Stats : 60 points (22/50 dont 6/21 à 3 pts et 10/12 aux LF), 4 rebonds, 4 passes et 1 interception en 42 minutes.

Alors que les Lakers restent sur six défaites, alors qu'il commence son dernier match à domicile en ratant ses cinq premiers tirs, il signe un final d'anthologie. 23 points dans le dernier quart-temps pour remonter un déficit de 15 points. Deux triples dans la dernière minute pour passer devant. Hallucinant. Il n'avait pas atteint la barre des 60 points depuis février 2009.

3 17 MARS 2007, LOS ANGELES BAT PORTLAND 116-111

Stats : 65 points (23/39 dont 8/12 à 3 pts et 11/12 aux LF), 7 rebonds, 3 passes et 3 interceptions en 50 minutes.

Ce match représente l'essence même du jeu d'attaque de Kobe Bryant. Tout le répertoire y passe avec une adresse folle. Le bonus, c'est un tir à 3 points au buzzer pour arracher la prolongation malgré deux défenseurs sur lui au départ de l'action. Extraordinaire performance.

Pour son dernier match en NBA contre Utah, Kobe a livré une fin de carrière historique avec un match à 60 points.

4 24 AVRIL 2008, LOS ANGELES BAT DENVER 122-107

Stats : 49 points (18/27 dont 5/9 à 3 pts et 8/9 aux LF), 4 rebonds, 10 passes et 1 interception en 42 minutes.

Premier tour des playoffs 2008.
LA est tête de série numéro un. Après un Game 1 maladroit, Kobe remet les pendules à l'heure. 20 points dans le premier quart, 19 dans le dernier pour boucler l'affaire et entre, il fait jouer. Récital de maîtrise totale, de partage. Gros pourcentage. Il assomme les Nuggets, *sweepés*.

5 20 DÉCEMBRE 2005, LOS ANGELES BAT DALLAS 112-90

Stats : 62 points (18/31 dont 4/10 à 3 pts et 22/25 aux LF), 8 rebonds, 0 passe et 3 interceptions en 33 minutes.

62 points en trois quarts-temps. Kobe menait même seul 62-61 face à Dallas, une équipe qui jouerait la finale un an plus tard en 2006. Et s'il avait joué 12 minutes lors du dernier quart-temps ce jour-là ? Sur les 33 minutes qu'il a passées sur le terrain, son équipe affiche un différentiel au score de +35. Efficace.

6 24 AOÛT 2008, USA BAT ESPAGNE 118-107

Stats : 20 points (7/14 dont 3/8 à 3 pts et 3/3 aux LF), 3 rebonds, 6 passes, et 2 contres en 27 minutes.

La ligne de stats n'est pas la plus ronflante de sa carrière. Mais le contexte était bien différent d'un match NBA. Cette finale olympique très disputée a été le meilleur match de basket de l'histoire moderne, entre la grande Espagne au complet qui a poussé une sélection US en quête de rédemption. Kobe a été le joueur décisif pour les Américains. Clutch, passeur, son agressivité a fait des merveilles face à la défense de zone espagnole. Un moment d'histoire.

Avril 2008 face à Denver. Du Kobe dans le texte.

7 13 MAI 2001, LOS ANGELES BAT SACRAMENTO 119-113

Stats : 48 points (15/29 dont 1/1 à 3 pts et 17/19 aux LF), 16 rebonds, 3 passes, et 2 interceptions en 48 minutes.

Game 4 de la demi-finale de conférence ouest à Sacramento. Cette année-là les Lakers sont intouchables, notamment parce que Kobe est devenu une superstar. Dans un match serré, il s'occupe de tout, signe son record aux rebonds en playoffs et écarte avec un grand sang-froid au tir extérieur et aux lancers les Kings, violemment balayés.

8 15 AVRIL 2004, LOS ANGELES BAT PORTLAND 105-104

Stats : 37 points (14/31 dont 4/10 à 3 pts et 5/9 aux LF), 8 rebonds, 5 passes, et 1 interception en 53 minutes.

La ligne de stats ne révèle pas le génie de Kobe sur ce match dénoué au bout de deux prolongations. Déjà, il s'agit d'un match de boxe fantastique, serré, avec changements de leader incessants. Une merveille. Bryant, parfaitement défendu par Ruben Patterson, parvient à arracher la prolongation sur un triple impossible avec une seconde à jouer. Et au bout de la deuxième prolongation, il donne la victoire d'un point aux Lakers sur un *catch and shoot* fabuleux au buzzer à 3 points, à Portland. Unique.

9 18 JUIN 2010, LOS ANGELES BAT BOSTON 83-79

Stats : 23 points (6/24 dont 0/6 à 3 pts et 11/15 aux LF), 15 rebonds, 1 passes et 1 interception en 45 minutes.

Kobe Bryant n'a pas été bon sur ce match. Mais personne n'a été bon sur cette rencontre. Game 7 des NBA Finals entre LA et Boston, la plus belle rivalité du sport américain. Un match pour un doublé. Il ne s'agissait pas tant d'être bon que de gagner. Bryant n'a jamais eu d'adresse mais n'a jamais renoncé. Son abattage au rebond, en défense, son attitude, son leadership et les points qu'il est allé chercher malgré tout dans l'adversité ont été essentiels. Une bagarre dont il est sorti amoché mais vainqueur, au bout de lui-même.

10 AU CHOIX...

- **Le 7 janvier 2003**, Bryant bat le record NBA (dépassé depuis) avec 12 tirs à 3 points réussis face à Seattle. 45 points à 16/28 dont 12/18 à 3 points. Coup de chaud incroyable.

- **Le 5 mai 2006**, Game 6 du premier tour de playoffs contre Phoenix, Kobe marque 50 points avec un pourcentage excellent (20/35), plus 8 rebonds, 5 passes et 3 interceptions et un tir qui aurait pu être décisif si les Suns n'avaient pas marqué à 3 points au buzzer.

- **Le 14 juin 2000**, Game 4 des Finals opposant les Pacers à domicile et les Lakers qui mènent alors 2-1. Bryant souffre d'une cheville, le match va en prolongation et Shaquille O'Neal sort pour six fautes. Kobe réussit l'épreuve du feu et gagne ses premiers galons (28 pts, 5 pds et 4 rbds).

- **Le 3 février 2009**, claque 61 points (19/31) au Madison Square Garden de New York, la salle mythique de la ville du basket. Record de la salle.

- **Le 19 mai 2001**, Game 1 à San Antonio des finales de conférence. La meilleure défense de NBA serre à l'intérieur sur Shaq. Kobe les punit (45 points à 19/35, 10 rbds et 3 pds). Jamais personne n'avait marqué autant face aux Spurs en playoffs.

Kobe Bryant a régné en fin de rencontre lors de la finale des JO 2008, le plus beau match de l'histoire moderne du basket international.

LE GÉNOME
DU MAMBA

Cinq titres NBA, deux sacres olympiques, des records en pagaille. Quelques nombres et statistiques suffisent pour prendre la mesure des accomplissements de Kobe Bryant pendant sa prolifique carrière de vingt ans.

0

Le nombre de points marqués par Kobe Bryant, drafté 13e par Charlotte en 1996 puis échangé à Los Angeles, lors de son premier match NBA, le 4 novembre 1996 contre Minnesota. C'est justement contre les Timberwolves, le 14 décembre 2014, que Bryant surpassera Michael Jordan au classement des meilleurs marqueurs (32 292 pour MJ).

1

Bryant n'a été sacré MVP (meilleur joueur) de la NBA qu'une fois, en 2007-2008. Anomalie qui s'explique par une première partie de carrière passée à se disputer la lumière avec Shaquille O'Neal. L'accusation de viol en 2003 ternira son image et influera sur les votes autant que la faillite des Lakers au milieu des années 2000, alors que Bryant atteignait son acmé individuel.

2

Il a été en revanche désigné à deux reprises MVP de la finale, en 2009 et 2010, quand l'ombre plus filiforme de Pau Gasol eut remplacé celle d'O'Neal dans la raquette des Lakers.

3

Ses médailles d'or avec la sélection américaine. La première en 2007 au tournoi des Amériques après deux rendez-vous olympiques manqués en 2000 (mariage) et 2004 (tourmente judiciaire). Les suivantes lors des JO 2008 à Pékin et 2012 à Londres. Il est invaincu avec Team USA.

4

Il a été désigné quatre fois meilleur joueur du All-Star Game (2002 dans sa ville natale de Philadelphie, 2007, 2009 et 2011 à domicile, au Staples Center). Un record égalé, partagé avec Bob Pettit. Bryant a participé 18 fois en 20 saisons au All-Star Game (seulement devancé par Abdul-Jabbar, 19). Le 15 février, la NBA a renommé le trophée de MVP du match des étoiles « Trophée Kobe Bryant ».

5

Il a passé à ses doigts cinq bagues de champion, en sept finales disputées. Un triplé avec Shaquille O'Neal (2000, 2001, 2002), un doublé pour conclure la décennie (2009, 2010).

8 et 24

Il est le seul basketteur de l'histoire dont les deux numéros de maillot ont été retirés par sa franchise. Il a porté le 8, inspiré de son dossard à l'Adidas ABCD Camp (143, 1+4+3), de 1996 à 2006. Puis le 24 (aussi arboré au lycée) jusqu'à sa retraite en 2016. Depuis sa disparition, certains joueurs ont abandonné leur numéro 24, et plusieurs équipes décidé de ne plus l'attribuer.

35,4

Sa moyenne de points lors de sa saison la plus prolifique, en 2005-2006. Depuis 1968, deux hommes ont fait mieux. Michael Jordan en 1986-1987 (37,1 points) et… James Harden en 2018-2019 (36,1), à une ère où le jeu et ses règles protègent et avantagent considérablement plus les attaquants que Bryant à son époque.

40

À 135 reprises, en 1 346 matches de saison régulière, Bryant atteint les 40 points. En février 2003, il enchaîne 9 matches au-dessus de cette barre, égalant Michael Jordan. Wilt Chamberlain est le seul à avoir fait mieux.

81

Son record sur un match, le 22 janvier 2006 contre Toronto, deuxième marque de l'histoire derrière celle, mythique, de Wilt Chamberlain (100 points le 2 mars 1962).

5 640

Le nombre de points inscrits par Bryant en play-offs. Dans ce classement, où il devance de 390 points son coéquipier et rival de toujours Shaquille O'Neal (5e avec 5 250 points), l'arrière des LA Lakers, 4e, se situe derrière trois géants : LeBron James (numéro un all-time avec 7 312 points), Michael Jordan (5 987) et Kareem Abdul-Jabbar (5 762).

14 481

Personne dans l'histoire n'a manqué plus de tirs que Kobe Bryant (14 481, 1 164 de plus que John Havlicek, 13 417). Le nombre dit surtout que Bryant a évolué à un niveau d'excellence assez élevé pour avoir le droit de continuer à shooter à gros volume pendant vingt ans. Abdul-Jabbar, Jordan, LeBron James sont également dans le top 10.

33 643

Kobe Bryant a inscrit 33 643 points en saison régulière, quatrième total de l'histoire. Des trois qui le précèdent, deux ont porté le maillot des LA Lakers. Kareem Abdul-Jabbar (38 387 points) est toujours numéro un, suivi de Karl Malone (36 928). LeBron James (34 241 à l'été 2020) complète le podium. Tragique ironie, ce dernier avait dépassé Bryant au classement lors d'un match à Philadelphie, quelques heures avant sa disparition.

Malgré ses innombrables succès, Bryant n'a reçu qu'une fois la distinction de MVP de la saison.

LES 11 MORSURES DU MAMBA

Kobe Bryant était aussi inspirant et venimeux en interview que sur les planches. Tour d'horizon avec quelques-unes de ses plus mémorables *punchlines*.

Bryant voyait la réussite de sa carrière comme « un puzzle à cinq millions de pièces ». Qu'il est parvenu à assembler.

LE PUZZLE À 5 MILLIONS DE PIÈCES

« Certains font des puzzles de vingt pièces. Certains de cinquante, de mille. Dans mon esprit, si je voulais être un grand joueur, je devais m'attaquer à un puzzle de cinq millions de pièces. Il y a plein de pièces que je ne possédais pas. Mais je m'étais lancé dans sa construction. C'était si excitant. Me lever au milieu de la nuit, à 2 heures, 4 heures, aller bosser, il n'y avait rien de plus normal. »
***L'Équipe*, octobre 2017, sur son éthique de travail**

LE MOZART DE LA NBA

« Je shoote trop depuis que j'ai 8 ans. Mais "trop", c'est une question de perspective. Certains pensent que Mozart mettait trop de notes dans ses compositions. Disons que je divertis les gens qui trouvent que je tire trop. C'est intéressant. Mozart a répondu aux critiques en disant qu'il n'y avait ni trop de notes, ni pas assez, juste le nombre nécessaire. »
***GQ*, février 2015**

LE SUCCESSEUR

« À chaque occasion, je veux défendre sur lui. Je le veux, lui. Il est le challenge ultime. Je ne veux pas être le prochain Michael Jordan, je veux seulement être Kobe Bryant. » **En 1997.**

« Cela ne me dérange pas qu'on me compare à lui. C'est à ce niveau que je veux arriver. » **En 1998**

En interview, Bryant était tantôt expéditif et cassant, tantôt vif et affable. Il avait aussi un sens aiguisé de la répartie et un humour dévastateur.

LE PASSEUR

« J'ai marqué en m'envoyant la balle à moi-même, contre le plexiglas. C'est une passe intentionnelle à un joueur, menant à un panier. On devrait me compter une assist pour ça. Ainsi, les gens ne pourront plus dire que je ne fais que shooter. »

En 2012, après un match contre Houston

L'ÉCHEC

« Mon esprit ne sait pas appréhender l'échec. Parce que si je devais m'asseoir, me regarder dans la glace et me dire : "tu as échoué", je pense que ce serait presque pire que la mort. »

Showtime, 2015

POUR QUELQUES BAGUES DE PLUS

« Ça m'en fait une de plus que le Shaq. » Sur la saveur de son cinquième titre, en 2010. « S'il avait travaillé plus dur, Shaq aurait été le meilleur de tous les temps. Il était une force de la nature. Habituellement, les gens de cette taille sont timides. Le gars n'en avait rien à faire. Il était méchant, compétitif, vindicatif. Si seulement il avait passé plus de temps à la salle. »

Décembre 2019 lors d'une convention.

LE LEADER

« Le leadership est solitaire. Je n'ai pas peur de la confrontation pour nous emmener où nous devons aller. Les gens pensent que le succès doit s'accompagner d'accolades entre coéquipiers, qui se réconforteraient quand ils se plantent. Ce n'est pas réaliste. Un leader ne plaira pas à tout le monde et demandera des comptes. »

NBA TV, 2015

LA PEUR

«Je ne fais pas le con avec les abeilles. En dehors de ça, je n'ai peur de rien. »

Mars 2013

LA BLESSURE

« Tous ces entraînements et sacrifices envolés pour un pas, comme j'en ai fait des millions ? La frustration est insupportable. Peut-être que c'est ainsi que le livre se referme. Ou peut-être pas. Un jour, un nouveau voyage commencera. Ce jour n'est pas arrivé.

"Si vous me voyez me battre avec un ours, priez pour l'ours." J'ai toujours adoré cette citation. C'est la "mentalité du mamba". On ne bat pas en retraite. On résiste et on conquiert. »

Facebook, après sa blessure au tendon d'Achille en avril 2013

LE GOÛT DES AUTRES

« Je n'en ai rien à foutre, de ce que vous dites. Si je rate des tirs pour la gagne, et que les gens disent : "Kobe a calé, ou Kobe en est à sept sur je ne sais combien sous pression", eh bien, allez vous faire foutre. Je ne joue pas pour votre putain d'assentiment. Je joue pour l'amour du basket. Et pour gagner. »

Mai 2012, après une victoire contre Oklahoma City en play-offs

LA MÉMOIRE

« En grandissant, je voulais qu'une fois ma carrière finie, on se souvienne de moi comme de quelqu'un qui a dépassé son potentiel, malgré son talent. Cela serait une reconnaissance du travail accompli, cela voudrait dire que j'ai pressé cette orange jusqu'à la dernière goutte. Je veux qu'on me perçoive comme une personne qui a tout fait pour gagner. Gagner avant tout le reste, avant les stats. Si on dit ça de moi, je serai heureux. »

***USA Today*, octobre 2010**

ILS ONT DIT...

LEBRON JAMES

« JE PENSAIS CONSTAMMENT À KOBE »

Kobe Bryant est l'un des personnages les plus fascinants de l'histoire de la NBA. Tout le monde a quelque chose à dire sur lui.

« **PERSONNE N'AURAIT** été capable de me battre en un-contre-un, à part Kobe Bryant. Parce qu'il m'a volé tous mes mouvements. »
Michael Jordan, interrogé sur d'hypothétiques un-contre-un face à Jerry West, Elgin Baylor, Julius Erving, Carmelo Anthony, Dwyane Wade, LeBron James et Kobe Bryant.

« **JE PRÉFÉRERAIS JOUER** avec Kobe plutôt qu'avec LeBron. Évidemment, il aurait pris beaucoup moins de tirs qu'il ne le fait en ce moment. Mais son désir de gagner, son dévouement à toujours progresser. Et puis le fait que c'est un dur. C'est un dur à cuire. Pour prendre du plaisir, comme je l'ai fait en jouant avec Bill Walton, il faut jouer avec LeBron. Ce serait probablement plus plaisant de jouer avec LeBron, mais si tu veux gagner, gagner et gagner, je choisis Kobe. Ce n'est pas que LeBron ne soit pas un *winner*, mais l'état d'esprit de Kobe, c'est de devenir meilleur à chaque entraînement, à chaque match. »
Larry Bird, en interview au début de l'année 2012. Kobe avait alors 5 bagues, LeBron aucune.

« **JE SAVAIS QU'IL FALLAIT** que je progresse à cause de Kobe Bryant. Je savais qu'il était à la salle, et qu'il bossait sur son jeu. Et je savais à quel point il était fort. Chaque jour où je n'avais pas envie de bosser ou à chaque fois que j'avais l'impression que je ne pouvais pas en faire plus, je pensais constamment à Kobe. Parce que je savais que lui était en train de progresser. »
LeBron James en 2015.

« **IL EST LE MICHAEL JORDAN** de notre génération. Un des meilleurs à avoir joué à ce sport. Cela a été un plaisir et un honneur de le côtoyer. »
Dirk Nowitzki en 2016.

Magic Johnson considère que Kobe Bryant est le plus grand joueur de l'histoire des Lakers.

LeBron James a découvert lors des campagnes sous le maillot de l'équipe nationale la formidable éthique de travail de Kobe. Et il s'en est servi comme source de motivation.

« KOBE BRYANT EST LE PLUS GRAND Laker de tous les temps. Il s'est approché de Michael Jordan plus qu'aucun autre. Pourquoi ? Parce qu'il était capable de scorer comme Jordan. Il avait le même état d'esprit, la même attitude. Il ne faisait pas de prisonnier. Il voulait vous avoir sous sa botte et vous détruire, mentalement et physiquement, comme Michael Jordan. Et il voulait six titres, comme Jordan. »
Magic Johnson en 2020.

« IL N'EST PAS PRÊT à entendre les idées des autres. Quelqu'un m'a dit qu'au lycée, Kobe avait l'habitude de saboter les matches de sa propre équipe pour que la fin des rencontres puisse être serrée. Pour qu'il puisse dominer à la fin. Saboter le processus collectif ainsi pour être totalement centré sur ses propres objectifs. C'est stupéfiant. »
Phil Jackson au *Chicago Sun-Times* en 2001.

« KOBE ÉTAIT UNE ÉPONGE. La seule chose qui l'intéressait, c'était de progresser. Il ne parlait que de basket. Il était obsédé, non pas par le fait de faire carrière, mais par la volonté d'avoir une carrière extraordinaire. »
Jerry West en 2016.

« IL M'A DIT : coach, donne-moi la balle et demande aux autres de dégager, je peux marquer sur n'importe qui. Et puis il a dit : je peux jouer dos au panier n'importe quel défenseur sur moi. Si tu me donnes la balle en bas et que tu demandes aux autres de dégager, je peux jouer tout le monde. Je lui ai dit : Kobe, je sais que tu peux le faire, mais aujourd'hui tu ne peux pas le faire avec un pourcentage assez élevé par rapport à l'équipe qu'on a. Et je ne vais pas dire à Shaquille O'Neal de dégager pour que tu puisses faire ça. Kobe n'a pas aimé ma réponse. Il l'a comprise, mais dans son coeur, il ne l'a jamais acceptée. »
Del Harris en 2008 pour *Sports Illustrated* évoquant la saison de rookie de Bryant dont il était le coach.

« KOBE, JE VEUX SIMPLEMENT DIRE : je t'aime, mon frère. Tu me manques. J'ai pris du plaisir quand on jouait ensemble. J'aurais aimé qu'on remporte sept titres. Mais c'est ainsi. Nous sommes toujours le duo le plus respecté et le plus dominant de l'histoire des Lakers. Je voulais simplement mettre les points sur les i et que tout le monde sache que : non, je ne te hais pas. On a connu beaucoup de disputes, eu beaucoup de désaccords. Mais cela nous a nourris. »
Shaquille O'Neal dans son podcast en 2015.

« IL ÉTAIT toujours à la salle, seul, à la muscu ou sur le terrain. Il était toujours le premier. Je ne sais pas quand il dormait. Il m'appelait à 1 ou 2 heures du matin, parfois pour revoir quelque chose et il était sur la piste d'athlétisme à 5 heures du matin. »
Ronny Turiaf à ESPN en 2016.

PALMARÈS
ET STATISTIQUES

Palmarès

NBA

- Champion (2000, 2001, 2002, 2009, 2010)
- MVP des Finals (2009, 2010)
- MVP de la saison régulière (2008)
- All-NBA First Team (2002, 2003, 2004, 2006, 2007, 2008, 2009, 2010, 2011, 2012, 2013)
- All-NBA Second Team (2000, 2001)
- All-NBA Third Team (1999, 2005)
- All-NBA First Defensive Team (2000, 2003, 2004, 2006, 2007, 2008, 2009, 2010, 2011)
- All-NBA Second Defensive Team (2001, 2002, 2012)
- All-Star (1998, 2000, 2001, 2002, 2003, 2004, 2005, 2006, 2007, 2008, 2009, 2010, 2011, 2012, 2013, 2014, 2015, 2016)
- All-Star Game MVP (2002, 2007, 2009, 2011)
- NBA All-Rookie Second Team (1997)
- Meilleur marqueur (2006, 2007)
- Vainqueur du concours de dunks du All-Star Game (1997)

Palmarès

High School

- Champion de l'État de Pennsylvanie AAAA (1996)
- Joueur de l'année (1996)

Palmarès

Sélection nationale

- Médaille d'or aux Jeux Olympiques (2008, 2012)
- Champion des Amériques (2007)

Kobe a été élu quatre fois MVP du All-Star Game.

Statistiques

High School

SAISON	ÉQUIPE	MJ	MIN	TIRS	% TIRS	3 PTS	% 3 PTS	LF	% LF	RBDS	PDS	CTS	INTS	BP	PTS
1992-93	Lower Merion	24	-	-	-	-	-	-	-	-	-	-	-	-	18,0
1993-94	Lower Merion	-	-	-	-	-	-	-	-	10,0	-	-	-	-	22,0
1994-95	Lower Merion	-	-	-	-	-	-	-	-	10,4	5,2	-	-	-	31,1
1995-96	Lower Merion	34	-	-	-	-	-	-	-	12,0	6,5	3,8	4,0	-	30,8

Saison régulière

SAISON	ÉQUIPE	MJ	MIN	TIRS	% TIRS	3 PTS	% 3 PTS	LF	% LF	RBDS	PDS	CTS	INTS	BP	PTS
1996-97	LA Lakers	71	15,5	2,5-5,9	41,7	0,7-1,9	37,5	1,9-2,3	81,9	1,9	1,3	0,3	0,7	1,6	7,6
1997-98	LA Lakers	79	26,0	4,9-11,6	42,8	0,9-2,8	34,1	4,6-5,8	79,4	3,1	2,5	0,5	0,9	2,0	15,4
1998-99	LA Lakers	50	37,9	7,2-15,6	46,5	0,5-2,0	26,7	4,9-5,8	83,9	5,3	3,8	1,0	1,4	3,1	19,9
1999-00	LA Lakers	66	38,2	8,4-17,9	46,8	0,7-2,2	31,9	5,0-6,1	82,1	6,3	4,9	0,9	1,6	2,8	22,5
2000-01	LA Lakers	68	40,9	10,3-22,2	46,4	0,9-2,9	30,5	7,0-8,2	85,3	5,9	5,0	0,6	1,7	3,2	28,5
2001-02	LA Lakers	80	38,3	9,4-20,0	46,9	0,4-1,7	25,0	6,1-7,4	82,9	5,5	5,5	0,4	1,5	2,8	25,2
2002-03	LA Lakers	82	41,5	10,6-23,5	45,1	1,5-4,0	38,3	7,3-8,7	84,3	6,9	5,9	0,8	2,2	3,5	30,0
2003-04	LA Lakers	65	37,6	7,9-18,1	43,8	1,1-3,3	32,7	7,0-8,2	85,2	5,5	5,1	0,4	1,7	2,6	24,0
2004-05	LA Lakers	66	40,7	8,7-20,1	43,3	2,0-5,9	33,9	8,2-10,1	81,6	5,9	6,0	0,8	1,3	4,1	27,6
2005-06	LA Lakers	80	41,0	12,2-27,2	45,0	2,3-6,5	34,7	8,7-10,2	85,0	5,3	4,5	0,4	1,8	3,1	35,4
2006-07	LA Lakers	77	40,8	10,6-22,8	46,3	1,8-5,2	34,4	8,7-10,0	86,8	5,7	5,4	0,5	1,4	3,3	31,6
2007-08	LA Lakers	82	38,9	9,5-20,6	45,9	1,8-5,1	36,1	7,6-9,0	84,0	6,3	5,4	0,5	1,8	3,1	28,3
2008-09	LA Lakers	82	36,1	9,8-20,9	46,7	1,4-4,1	35,1	5,9-6,9	85,6	5,2	4,9	0,5	1,5	2,6	26,8
2009-10	LA Lakers	73	38,8	9,8-21,5	45,6	1,4-4,1	32,9	6,0-7,4	81,1	5,4	5,0	0,3	1,5	3,2	27,0
2010-11	LA Lakers	82	33,9	9,0-20,0	45,1	1,4-4,3	32,3	5,9-7,1	82,8	5,1	4,7	0,1	1,2	3,0	25,3
2011-12	LA Lakers	58	38,5	9,9-23,0	43,0	1,5-4,9	30,3	6,6-7,8	84,5	5,4	4,6	0,3	1,2	3,5	27,9
2012-13	LA Lakers	78	38,6	9,5-20,4	46,3	1,7-5,2	32,4	6,7-8,0	83,9	5,6	6,0	0,3	1,4	3,7	27,3
2013-14	LA Lakers	6	29,5	5,2-12,2	42,5	0,5-2,7	18,8	3,0-3,5	85,7	4,3	6,3	0,2	1,2	5,7	13,8
2014-15	LA Lakers	35	34,5	7,6-20,4	37,3	1,5-5,3	29,3	5,6-6,9	81,3	5,7	5,6	0,2	1,3	3,7	22,3
2015-16	LA Lakers	66	28,2	6,0-16,9	35,8	2,0-7,1	28,5	3,5-4,3	82,6	3,7	2,8	0,2	0,9	2,0	17,6
CARRIÈRE		1346	36,1	8,7-19,5	44,7	1,4-4,1	32,9	6,2-7,4	83,7	5,2	4,7	0,5	1,4	3,0	25,0

Playoffs (Finals incluses)

SAISON	ÉQUIPE	MJ	MIN	TIRS	% TIRS	3 PTS	% 3 PTS	LF	% LF	RBDS	PDS	CTS	INTS	BP	PTS
1996-97	LA Lakers	9	14,8	2,3-6,1	38,2	0,7-2,6	26,1	2,9-3,3	86,7	1,2	1,2	0,2	0,3	1,6	8,2
1997-98	LA Lakers	11	20	2,8-6,9	40,8	0,3-1,3	21,4	2,8-4,1	68,9	1,9	1,5	0,7	0,3	1,0	8,7
1998-99	LA Lakers	8	39,4	7,6-17,8	43,0	1,0-2,9	34,8	3,5-4,4	80,0	6,9	4,6	1,3	1,9	3,9	19,8
1999-00	LA Lakers	22	39	7,9-17,9	44,2	1,0-2,9	34,4	4,3-5,7	75,4	4,5	4,4	1,5	1,5	2,5	21,1
2000-01	LA Lakers	16	43,4	10,5-22,4	46,9	0,7-2,1	32,4	7,8-9,4	82,1	7,3	6,1	0,8	1,6	3,2	29,4

Statistiques

Playoffs (Finals incluses)

SAISON	ÉQUIPE	MJ	MIN	TIRS	% TIRS	3 PTS	% 3 PTS	LF	% LF	RBDS	PDS	CTS	INTS	BP	PTS
2001-02	LA Lakers	19	43,8	9,8-22,7	43,4	1,2-3,1	37,9	5,8-7,6	75,9	5,8	4,6	0,9	1,4	2,8	26,6
2002-03	LA Lakers	12	44,3	11,4-26,4	43,2	2,1-5,2	40,3	7,2-8,7	82,7	5,1	5,2	0,1	1,2	3,5	32,1
2003-04	LA Lakers	22	44,2	8,6-20,9	41,3	1,1-4,4	24,7	6,1-7,5	81,3	4,7	5,5	0,3	1,9	2,8	24,5
2005-06	LA Lakers	7	44,9	10,3-20,7	49,7	2,0-5,0	40,0	5,3-6,9	77,1	6,3	5,1	0,4	1,1	4,7	27,9
2006-07	LA Lakers	5	43	12,0-26,0	46,2	2,0-5,6	35,7	6,8-7,4	91,9	5,2	4,4	0,4	1,0	4,4	32,8
2007-08	LA Lakers	21	41,1	10,6-22,0	47,9	1,5-5,0	30,2	7,5-9,2	80,9	5,7	5,6	0,4	1,7	3,3	30,1
2008-09	LA Lakers	23	40,9	10,5-23,0	45,7	1,6-4,6	34,9	7,6-8,6	88,3	5,3	5,5	0,9	1,7	2,6	30,2
2009-10	LA Lakers	23	40,1	10,2-22,2	45,8	2,1-5,7	37,4	6,7-8,0	84,2	6,0	5,5	0,7	1,3	3,4	29,2
2010-11	LA Lakers	10	35,4	8,3-18,6	44,6	1,2-4,1	29,3	5,0-6,1	82,0	3,4	3,3	0,3	1,6	3,1	22,8
2011-12	LA Lakers	12	39,7	11,0-25,1	43,9	1,4-5,0	28,3	6,6-7,9	83,2	4,8	4,3	0,2	1,3	2,8	30,0
CARRIÈRE		220	39,3	9,2-20,5	44,8	1,3-4,0	33,1	6,0-7,4	81,6	5,1	4,7	0,7	1,4	2,9	25,6

NBA Finals

SAISON	ÉQUIPE	MJ	MIN	TIRS	% TIRS	3 PTS	% 3 PTS	LF	% LF	RBDS	PDS	CTS	INTS	BP	PTS
1999-00	LA Lakers	5	35,2	6,6-18,0	36,7	0,4-2,0	20,0	2,0-2,2	90,9	4,6	4,2	1,0	1,4	1,2	15,6
2000-01	LA Lakers	5	46,8	8,8-21,2	41,5	0,6-1,8	33,3	6,4-7,6	84,2	7,8	5,8	1,4	1,4	3,6	24,6
2001-02	LA Lakers	4	43,5	9,0-17,5	51,4	1,5-2,8	54,5	7,3-9,0	80,6	5,8	5,3	1,5	0,8	3,8	26,8
2003-04	LA Lakers	5	46,2	8,6-22,6	38,1	0,8-4,6	17,4	4,6-5,0	92,0	2,8	4,4	1,8	0,6	3,6	22,6
2007-08	LA Lakers	6	43,0	8,8-21,8	40,5	1,5-4,7	32,1	6,5-8,2	79,6	4,7	5,0	2,7	0,2	3,8	25,7
2008-09	LA Lakers	5	43,8	11,6-27,0	43,0	1,8-5,0	36,0	7,4-8,8	84,1	5,6	7,4	1,4	1,4	3,2	32,4
2009-10	LA Lakers	7	41,1	9,4-23,2	40,5	2,1-6,7	31,9	7,6-8,6	88,3	8,0	3,9	2,1	0,7	3,9	28,6

Sélection nationale

ANNÉE	COMPÉTITON	MJ	MIN	TIRS	% TIRS	3 PTS	% 3 PTS	LF	% LF	RBDS	PDS	CTS	INTS	BP	PTS
2007	Americas Cup	10	20	5,1-9,3	54,8	1,7-3,7	45,9	3,4-3,9	87,2	2,0	2,9	1,6	0,4	1,8	15,3
2008	JO	8	23,5	6,0-13,0	46,2	2,1-6,6	32,1	1,2-1,5	58,3	2,8	2,1	1,1	0,5	1,9	15,0
2012	JO	8	17,4	3,8-8,8	42,9	2,1-4,9	43,6	2,5-2,7	90,9	1,8	1,3	1,1	0,0	1,4	12,1

BRYANT
24
TOYOTA
UCLA

In Lovin
KOBE
THANK YOU KOBE
#Mamba forever
KOBE & GIGI RIP WE LOVE YOU DW
RIP Kobe & Gigi
Dios Recibelos
Thank you for the memories, you'll never be forgotten! may God Bless you!
MAMBA 4 LIFE
OFA ATU KOBE MOHI FAM -801- ROSE PARK
WE MISS & LOVE KOBE
MISS YOU KOBE
WILL ALWAYS REMEMBER GREATNESS 24/8
GERARDO MORENO NICARAGUA
Rock Island was here
R.I.P KOBE 24 Gee Gee
TE AMO KOBE
GRAZIE KOBE...
THE GOAT!
Gracias for all the memories
My family enjoyed watching you perform
RIP Kobe
R.I.P.
Kobe & Gigi

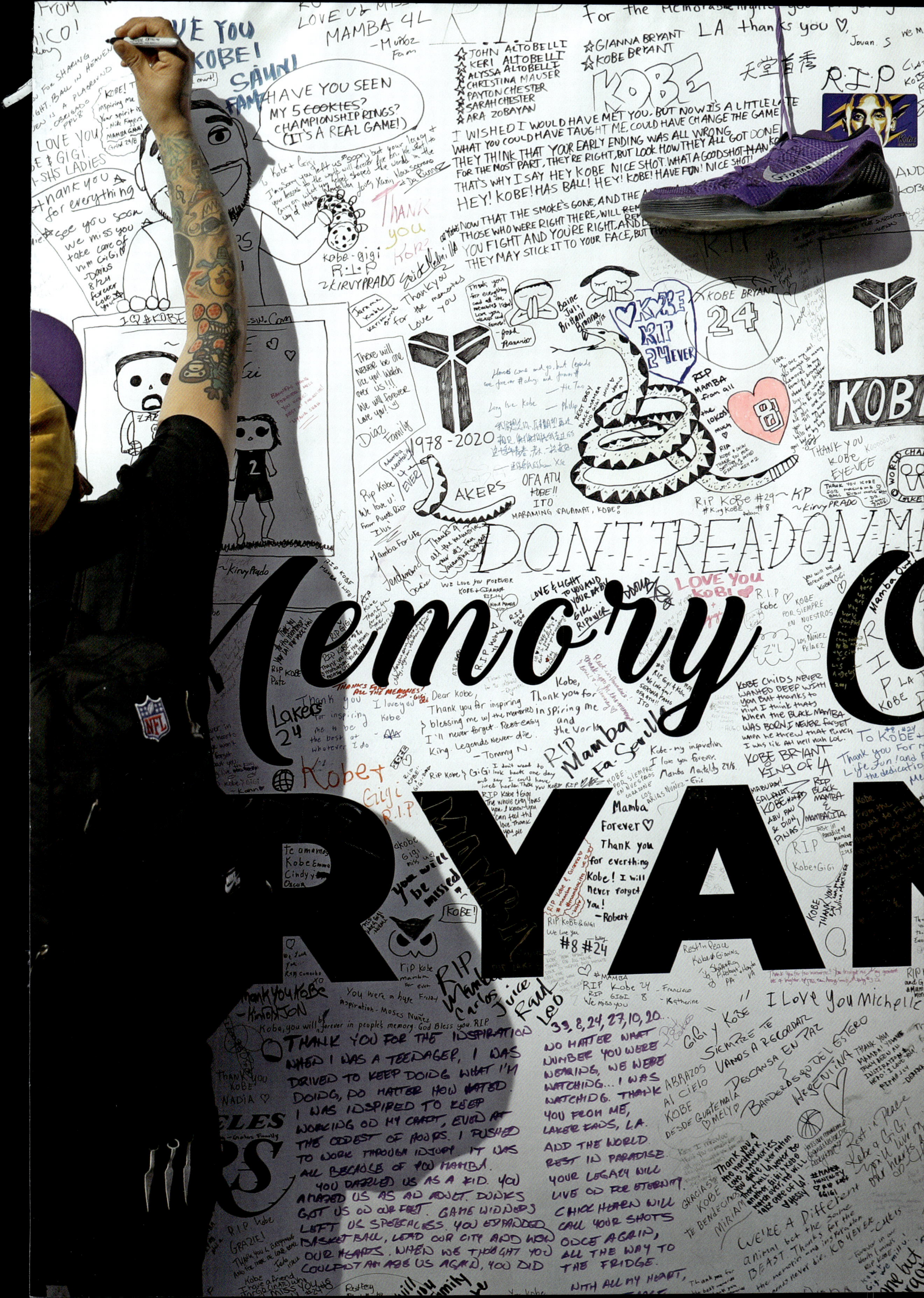

Memory
RYAN
DONTTREADONM
HAVE YOU SEEN MY 5 COOKIES? CHAMPIONSHIP RINGS? (IT'S A REAL GAME!)
JOHN ALTOBELLI
KERI ALTOBELLI
ALYSSA ALTOBELLI
CHRISTINA MAUSER
PAYTON CHESTER
SARAH CHESTER
ARA ZOBAYAN
GIANNA BRYANT
KOBE BRYANT
LA thanks you
KOBE
R.I.P
I WISHED I WOULD HAVE MET YOU, BUT NOW IT'S A LITTLE LATE
WHAT YOU COULD HAVE TAUGHT ME, COULD HAVE CHANGE THE GAME
HEY! KOBE! HAS BALL! HEY! KOBE! HAVE FUN! NICE SHOT!
thank you for everything
1978-2020
LAKERS
KOBE BRYANT
24
KOBE
LOVE YOU KOBE!
THANK YOU FOR THE INSPIRATION WHEN I WAS A TEENAGER, I WAS DRIVEN TO KEEP DOING WHAT I'M DOING, NO MATTER HOW HATED I WAS INSPIRED TO KEEP WORKING ON MY CRAFT, EVEN AT THE ODDEST OF HOURS. I PUSHED TO WORK THROUGH INJURY IT WAS ALL BECAUSE OF YOU MAMBA.
YOU DAZZLED US AS A KID. YOU AMAZED US AS AN ADULT. DUNKS GOT US ON OUR FEET. GAME WINNERS LEFT US SPEECHLESS. YOU EXPANDED BASKETBALL, LEAD OUR CITY AND WON OUR HEARTS. WHEN WE THOUGHT YOU COULDN'T AMAZE US AGAIN, YOU DID
33, 8, 24, 27, 10, 20
NO MATTER WHAT NUMBER YOU WERE WEARING, WE WERE WATCHING... I WAS WATCHING. THANK YOU FROM ME, LAKER FANS, LA. AND THE WORLD REST IN PARADISE YOUR LEGACY WILL LIVE ON FOR ETERNITY CHICK HEARN WILL CALL YOUR SHOTS ONCE AGAIN, ALL THE WAY TO THE FRIDGE.
I Love You Michelle
KOBE BRYANT KING OF LA
Mamba Forever
Thank you for everthing Kobe! I will never forget You! - Robert
RIP Mamba

CRÉDITS PHOTOGRAPHIQUES

Couverture : Presse Sports

Intérieur :

Lionel Hahn/L'ÉQUIPE p4
Franck Faugère/L'ÉQUIPE p16, p18, p19, p20, p22
Jérôme Prévost/L'ÉQUIPE p23
Michel Deschamps/L'ÉQUIPE p38
Catherine Steenkeste/L'ÉQUIPE p48, p52-53, p65, p92
Alain Mounic/L'ÉQUIPE p115, p124 (gauche)
Stéphane Mantey/L'ÉQUIPE p121

Jayne Kamin Oncea/USA Today Sports/Presse Sports p6, p54, p81, p86
Harrison Hill/USA Today Sports Presse Sports p8, p26
Stephen R. Sylvanie/USA Today Sports/Presse Sports p10
Kirby Lee/USA Today Sports/Presse Sports p11, p50, p72, p79
Craig Mitchelldyer/USA Today Sports/Presse Sports p14
RVR/USA Today Sports/Presse Sports p32
Robert Hanashiro/USA Today Sports/Presse Sports p34
G.A.Vasquez/US Presswire/Presse Sports p43, p85, p103, p112
Robert Deutsch/USA Today Sports/Presse Sports p44
Brian Spurlock/USA Today Sports/Presse Sports p47
Bill Streicher/USA Today Sports/Presse Sports p67
Bob Donnan/US Presswire/Presse Sports p68
Mark J. Rebilas/US Presswire/Presse Sports p94
Kelvin Kuo/USA Today Sports/Presse Sports p109
CatSize/Presse Sports p125

Imago Panoramic p21 (bas), p46, p73
Keith Birmingham/Panoramic p35, p37
ZM/Panoramic p47, p57, p60, p66, p82
Juanjo Martin/Panoramic p71
John Mccoy/ZM/Panoramic p99
Ed Crisostomo/ZM/Panoramic p100
Burt Harris/ZM/Panoramic p102
Phil McCarten/Photoshot/Panoramic p104
Mike Blake/Action Images/Panoramic p106
Frederic Chambert/Panoramic p111
Armando Arorizo/ZM/Panoramic p117
Michael Goulding/ZM/Panoramic p120
Patrick T. Fallon/Al/Reuters/Panoramic p126-127

Panoramic p12-13, p15, p17, p21 (bas) p36, p58, p62, p74, p75, p76, p88, p90, p91, p113, p118, p119

Jay Gorodetzer, p31

Philadelphia Inquirer/TNS/ZUMA p39

Susa/Icon Sport p40, p124 (droite)
Icon Sport p97
Avalon/Icon Sport p122

Noah Graham/NBAE via Getty Images p41

Lower Merion High School p24, p27, p30

D.R. p21 (haut)